Die kleine Gartenschule

Obst- und Gemüseanbau für Einsteiger

Die kleine Gartenschule

Obst- und Gemüseanbau für Einsteiger

DK London
Projektbetreuung Becky Shackleton
Cheflektorat Penny Warren
Lektorat Alastair Laing
Redaktionsleitung Mary Ling
Art Director Peter Luff, Jane Bull
Bildredaktion Gemma Fletcher, Alison Donovan
Herstellung Jen Lockwood, Sarah Isle
Umschlaggestaltung Nicola Powling, Rosie Levine

DK India
Cheflektorat Alka Thakur Hazarika
Redaktion Suefa Lee, Vibha Malhotra
Bildredaktion Prashant Kumar, Karan Chaudhary

Für die deutsche Ausgabe:
Programmleitung Monika Schlitzer
Redaktionsleitung Caren Hummel
Projektbetreuung Manuela Stern
Herstellungsleitung Dorothee Whittaker
Herstellungskoordination Ksenia Lebedeva
Herstellung und Covergestaltung Claudia Bürgers

Titel der englischen Originalausgabe:
A little course in … Growing Veg & Fruit

Übersetzung Reinhard Ferstl
Lektorat Christine Ritter

ISBN 978-3-8310-3228-0

Druck und Bindung Leo Paper Products Ltd., China

Besuchen Sie uns im Internet
www.dorlingkindersley.de

Hinweis
Die Informationen und Ratschläge in diesem Buch sind von
den Autoren und vom Verlag sorgfältig erwogen und geprüft,
dennoch kann eine Garantie nicht übernommen werden.
Eine Haftung der Autoren bzw. des Verlags und seiner Beauftragten
für Personen-, Sach- und Vermögensschäden ist ausgeschlossen.

Inhalt

1

Basics

2

Erste Erfolge

3

Weiter geht's!

Ihr Weg zum perfekten Gärtnern

Dieses Buch besteht aus drei Teilen:
»Basics«, »Erste Erfolge« und »Weiter geht's!«
Die Kapitel sind so strukturiert, dass Sie sich nach und
nach neue Techniken aneignen und das Gelernte mithilfe
von 22 Projekten festigen.

Grundlagen

Obst und Gemüse lassen sich überall
anbauen, ob im großen Nutzgarten oder
kleinen Fensterkasten. Erfolgreich ernten
kann jedoch nur, wer weiß, was Pflanzen
brauchen. In der Einführung zu diesem
Buch erfahren Sie das Wichtigste über
Böden und Topferden, Aussaat, Pflanzung,
Bodenvorbereitung und die Grundausrüs-
tung an Werkzeugen.

Symbole

Sie zeigen, welche Wuchsbedingungen
die Pflanzen bevorzugen: Sonne oder
Schatten, feuchte oder leichte Böden.

*Die Symbole stehen
am Anfang jedes
Projekts.*

**Volle
Sonne**

**Feuchter
Boden**

Tipps Alle Projekte ent-
halten zusätzliche Tipps.
Darin werden nützliche
Techniken erklärt und
andere Fragen rund ums
Gärtnern beantwortet.

Wichtige Arbeiten

Am Anfang und Ende jedes Kapitels finden
Sie nützliche Arbeitsschritte, die Sie für die
erfolgreiche Umsetzung Ihrer Projekte brauchen. Sie reichen zum Beispiel von der Aussaat
über das Umtopfen von Sämlingen und das
Planen von Nutzgärten bis zum Kompostieren.

1 Jedes Projekt enthält exakte Schritt-für-Schritt-Anleitungen mit Fotos. Sie veranschaulichen, wie Sie am besten säen, pflanzen, düngen und ernten. Dazu wird Ihnen genau erklärt, welche Pflege die Pflanzen brauchen.

Aufgepasst! Besonders wichtige Informationen sind speziell gekennzeichnet. Sie helfen Ihnen, die häufigsten Fehler zu vermeiden.

Aussagekräftige Fotos mit genau erklärten Arbeitsschritten

Pflege der **Pflanzen**

Diese Kästen enthalten viele Pflegetipps und Infos über den Umgang mit Problemen. Sie erfahren, wie Sie Ihre Pflanzen gesund halten und hohe Erträge ernten.

Infos über die Ansprüche aller Pflanzen

Angaben über die ideale Erntezeit

Darauf sollten Sie achten

Die Kästen zur Pflege finden Sie am Ende jedes Projekts. In ihnen ist aufgelistet, welche Probleme entstehen können, ob die jeweiligen Arten anfällig für bestimmte Schädlinge wie Schnecken sind und wie gut gewässert werden muss. Darüber hinaus erfahren Sie, wie Sie Probleme verhindern und bekämpfen, Ihre Pflanzen gekonnt schneiden und optimal ernten.

Bitte umblättern ▶ ▶ ▶

Wichtige **Ausrüstung**

Grundausstattung

Der Anbau von Obst und Gemüse ist nicht auf-
wendig, doch ein bisschen Ausrüstung wie z. B.
eine Gießkanne und eine Handschaufel sollte man
sich schon zulegen. Kaufen Sie sich die beste Qualität, die Sie sich leisten können. Gutes hält nicht nur
länger, es macht auch mehr Spaß, damit zu arbeiten.

Gießkanne
Ein Mundstück mit feiner Brause
verteilt Wasser gleichmäßig,
sodass empfindliche Sämlinge
nicht beschädigt werden.

Pflanzholz
Mit seiner Hilfe
drückt man Pflanz-
löcher unterschied-
licher Tiefe in den
Boden.

Handgabel
Mit ihr ist ein exakteres
Jäten und Aufnehmen klei-
nerer Pflanzen als mit einer
großen Grabgabel möglich.

Spaten
Zum Ausheben von
Löchern, Umgraben, Mul-
chen sowie Einarbeiten
von Kies und Kompost.

Grabgabel
Zum Aufnehmen von
Unkräutern, Umgraben
des Bodens und Ernten
von Wurzelgemüse.

Handschaufel
Damit hebt man saubere Pflanzlöcher aus und erntet Gemüse
wie Knoblauchzwiebeln.

Hacke
Sie ist unverzichtbar beim
Jäten. Man fährt durch das
Erdreich und hackt dabei
das Unkraut ab. Es gibt auch
Hacken mit langem Stiel.

Rechen
Zum Einebnen des Bodens oder
Harken einer feinkrümeligen Ober-
fläche vor dem Säen und Pflanzen.

Handschuhe
*Schützen Sie beim Aus-
bringen von Düngemitteln
und Insektiziden oder beim
Schneiden dorniger Pflanzen
mit ihnen Ihre Hände.*

Schere
*Zum Ernten von
Pflücksalaten und
Schneiden von
Gartenschnüren.*

Bohrmaschine
*Mit ihr werden z. B. Abzugslöcher
in Gefäße gebohrt und Halterun-
gen für Blumenampeln befestigt.*

Gartenschere
*Mit ihren kräftigen Klingen ist sie
ein unverzichtbares Werkzeug zum
Schneiden von Obststräuchern und
Bäumen sowie Ernten von Pflanzen
mit verholzten Stängeln.*

EBENFALLS NÜTZLICH

Saatschildchen
*Kennzeichnen Sie Töpfe und Saat-
rillen, damit Sie Ihre Aussaaten
nicht durcheinanderbringen.*

Teppichmesser
*Mit seiner scharfen
Klinge schneiden Sie
saubere Pflanzlöcher in
Unkrautfolien.*

Stäbe und Schnüre
*Kopflastige Pflanzen
lassen sich stützen,
indem man sie an kräf-
tige Stäbe oder Ruten
bindet.*

Spargelstecher
*Mit seiner gebogenen, scharfen
Klinge lassen sich Spargelstangen
gut kappen.*

Maßband
*Damit stellen Sie
sicher, dass Ihre
Sämlinge genug
Abstand zueinander
haben.*

Pfosten und Baumbinder
*Mit Baumbindern befestigen Sie
Bäume an Pflöcken. Die Binder sind
verstellbar, sodass die Stämme nicht
eingeschnürt werden.*

Wichtige **Ausrüstung** *Fortsetzung*

BEHÄLTER

Für jede Pflanze gibt es den passenden Behälter. Die Palette reicht vom Plastiktopf, den man auf eine warme Fensterbank stellt, um Samen zum Keimen zu bringen, bis zum frostfesten Kübel für Obstbäume. Alle Gefäße brauchen Abzugslöcher mit Tonscherben darüber, damit Wasser ablaufen kann.

Fensterkasten
In ihm lassen sich Obst, Gemüse und Kräuter auf dem Fensterbrett ziehen, wo man sie bequem ernten kann. Es gibt sie in verschiedensten Ausführungen.

Tontöpfe
Sie sehen gut aus und sind ein dekoratives Gartenelement. Der Topfballen trocknet darin aber rasch aus.

Plastiktöpfe
Die preiswerten Töpfe eignen sich vorzüglich für die Aussaat. Es gibt sie in allen erdenklichen Größen.

Multitöpfe
Die einzelnen Module werden getrennt besät. Später kann man die Pflänzchen problemlos zum Umsetzen herausholen.

Biologisch abbaubare Gefäße
Wer in ihnen ansät, braucht die Pflänzchen nicht einmal mehr herauszunehmen. Man setzt einfach jedes Modul mitsamt Sämling ins Erdreich.

Tonscherben
Die Bruchstücke aus Ton legt man auf den Boden von Gefäßen. Sie verbessern den Wasserabzug.

Wandhalterung

Gartenkorb
Körbe, Tonnen, Pflanzsäcke und andere tiefe Gefäße eignen sich für Wurzelgemüse und große Pflanzen.

Blumenampel
Zum Präsentieren von Arrangements in luftiger Höhe. Man hängt die Gefäße an tragfähige Stützen wie Mauern und Zäune.

HILFREICHE EXTRAS

Manchmal brauchen Pflanzen ein bisschen Extra-schutz, etwa wenn es sehr kalt wird oder Unkräuter und Schädlinge zum Angriff blasen. Empfindliches Gemüse wie Paprika beispielsweise keimt erst, wenn man ihm ein behaglich warmes Umfeld bietet. Mit diesen zusätzlichen Hilfsmitteln sorgen Sie da-für, dass Ihre Pflanzen gesund bleiben und ordent-lich gedeihen.

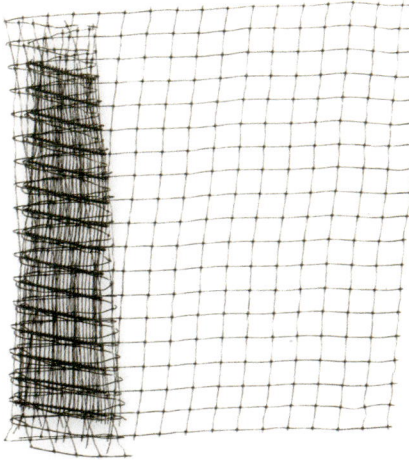

Netze

Mit grobmaschigen Netzen halten Sie größere Obst- und Gemüseräuber wie Vögel fern. Feinere Ausführungen schützen die Pflanzen vor kleinen Schädlingen wie Kohlweißlingen.

Vlies

Drohen strenge Fröste, kann man nicht ganz winterharte Pflanzen und Pflaumen- oder Kirsch-blüten mit Vlies vor dem Erfrieren bewahren. Decken Sie die Gewächse einfach damit zu.

Geotextilien

Mit diesem Gewebe erwärmt man den Boden, unterdrückt Unkraut und verhindert, dass das Erdreich austrocknet. Sollen die Pflänzchen hin-durchwachsen, schneidet man Löcher hinein.

Anzuchtkasten

Brauchen es Samen und Jungpflanzen wärm, sind sie in einem solchen »Brutkasten« bestens aufgehoben. Es gibt einfache Kunst-stoffkästen und beheizte Ausführungen.

Böden und Substrate

Ein Gemüsegarten trägt nur dann reiche Ernte, wenn die Wuchsbedingungen stimmen. Der Boden muss genug Nährstoffe enthalten und ausreichend durchlässig sein, doch hat jede Art ihre eigenen Ansprüche. Für Topfpflanzen gibt es im Handel verschiedene Erden. Im Freiland kann man schweres oder sandiges Erdreich durch Einarbeiten von Humus oder gut verrottetem Stalldung verbessern.

Universalerde

Universalerde kann man in den Boden einarbeiten, um seine Struktur und Wasserspeicherfähigkeit zu verbessern, oder als Topferde nutzen. Sie lässt sich auch für Aussaaten verwenden, trocknet aber etwas schnell aus. Es gibt unterschiedliche Erden mit einem jeweils anderen Anteil an Ton, Sand und Düngemitteln. Wählen Sie den Typ aus, der sich am besten für Ihre Pflanzen eignet, und vermeiden Sie aus Gründen des Umweltschutzes torfhaltige Produkte.

Anzuchterde

Anzucht- bzw. Aussaaterde enthält meist einen Anteil normaler Gartenerde und ist damit schwerer als Universalerde, speichert aber Feuchtigkeit wesentlich besser als sie. Dank ihrer feinkrümeligen Beschaffenheit eignet sie sich bestens für die Aussaat in Einzel- oder Multitöpfen. Anzuchterde enthält relativ wenig Nährstoffe, was für Keimlinge von Vorteil ist. Manche Anbieter führen auch Pikiererde für etwas ältere Jungpflanzen.

Moorbeeterde

Moorbeeterde hat einen niedrigen pH-Wert und eignet sich für Pflanzen, die saure Böden brauchen, etwa Heidelbeeren. Man kann sie in Hoch- oder Flachbeete einarbeiten, um den pH-Wert des bestehenden Substrats zu verändern, oder als Topferde verwenden. Wie Universalerde trocknet sie rasch aus, weshalb gut gewässert werden muss. Zum Gießen verwendet man Regenwasser, da Leitungswasser den pH-Wert zum Basischen hin verändert.

Rollen Sie eine Hand-voll Erde zwischen den Fingern.

Tonböden haben eine Konsistenz wie Knetmasse.

Tonböden testen

Tonböden

Um herauszufinden, ob der Tonanteil im Boden überwiegt, rollt man die Erde zu einer Kugel. Behält sie ihre Form, ohne zu zerkrümeln, hat man es mit Ton zu tun. Das Umgraben von Tonböden ist harte Arbeit: Bei Trockenheit wird er betonhart, bei Nässe klebrig und zäh. Allerdings enthält Ton viele Nährstoffe und gibt sie leicht ab. Wegen seiner Dichte ist der Wasserabzug schlecht, sodass man die Durchlässigkeit durch Einarbeiten von Kies, Sand und organischer Substanz verbessern muss. Kopfkohl, Rosenkohl und Brokkoli bevorzugen Ton.

Trockene Sand-böden sind sehr lose und krümelig.

Aus Sandböden lässt sich kaum eine Kugel formen.

Sandböden testen

Sandböden

Zerkrümelt die Erde leicht zwischen den Fingern, enthält sie viel Sand. Sandböden lassen sich leicht umgraben und sind stark wasserdurchlässig. Daher ist die Gefahr gering, dass Pflanzen faulen oder bei Nässe von Pilzen befallen werden. Allerdings enthalten sandige Böden wenige Nährstoffe und speichern Feuchtigkeit schlecht, weshalb im Sommer das Wässern zum Fulltime-Job gerät. Man kann sie durch Einarbeiten von Stallmist oder Humus und regelmäßiges Düngen verbessern. Möhren und Pastinaken kommen gut mit Sand zurecht.

Den pH-Wert ermitteln

Einige Nutzpflanzen brauchen einen ganz bestimmten Boden-pH-Wert. Deshalb sollte man ihn vor dem Bepflanzen messen. Behagt einer Pflanze der pH-Wert nicht, kann sie die Nährstoffe, die sie braucht, nicht aus dem Erdreich aufnehmen. Heidelbeeren etwa gedeihen nur in sauren Böden; alkalische Bedingungen machen ihnen über kurz oder lang den Garaus. Man kann den Wert mit einem simplen Testsatz bestimmen. Weil Bodenbedingungen sich nur sehr langsam ändern, reicht es, alle paar Jahre zu testen.

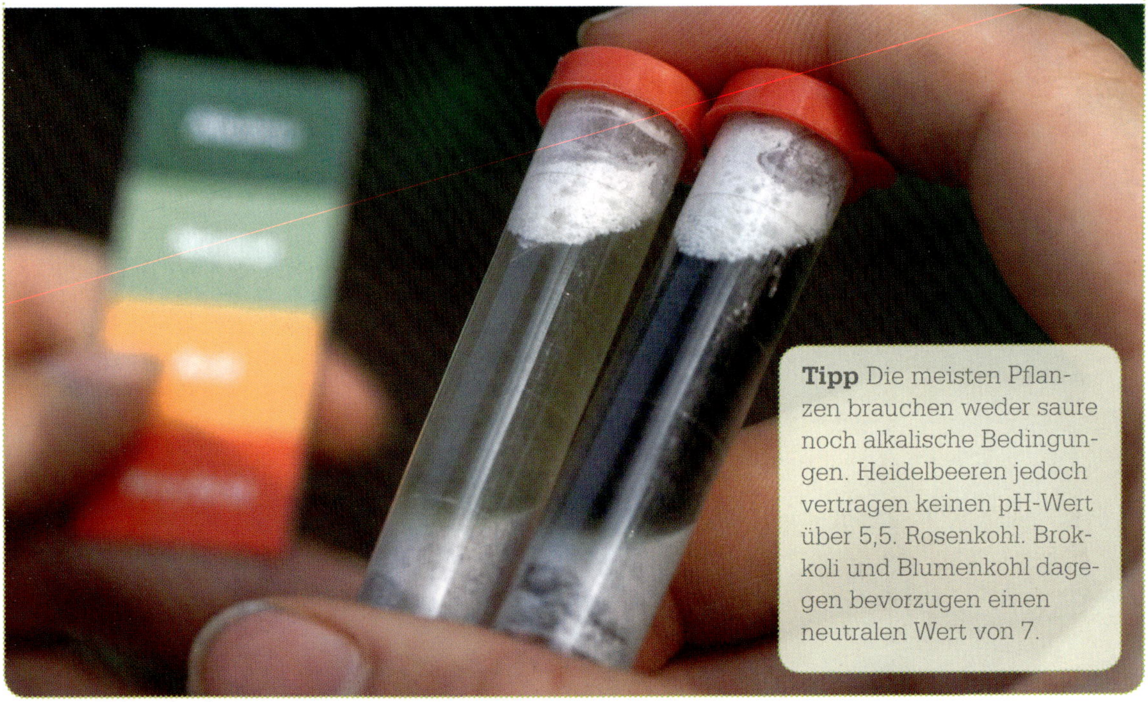

Tipp Die meisten Pflanzen brauchen weder saure noch alkalische Bedingungen. Heidelbeeren jedoch vertragen keinen pH-Wert über 5,5. Rosenkohl, Brokkoli und Blumenkohl dagegen bevorzugen einen neutralen Wert von 7.

Den pH-Wert verändern

Wenn sich Ihr Boden nicht für das Obst und Gemüse eignet, das Sie anbauen möchten, können Sie den pH-Wert etwas korrigieren. Durch Ausbringen von Kalk wird Erde alkalischer, durch Moorbeeterde, Schwefel und Kiefernnadeln saurer. Eine dauerhafte Änderung des pH-Werts aber erreicht man damit nicht, denn diese Substanzen werden wieder ausgewaschen. Am einfachsten ist es daher, Pflanzen mit speziellen Ansprüchen in Töpfen und Hochbeeten zu ziehen. Dort kann man ihnen das Substrat bieten, das sie brauchen.

Bodenvorbereitung

Böden müssen vor dem Bepflanzen gut vorbereitet werden. Wer in diesem Stadium etwas mehr Mühe investiert, erspart sich später Arbeit beim Jäten tief wurzelnder Unkräuter oder beim Lockern verdichteter Böden. Bekommen die Pflanzen, was sie wollen, zahlt sich die harte Arbeit aus.

1 Wer einen neuen Nutzgarten anlegt, muss sich mitunter mit Unrat wie Bauschutt im Boden herumschlagen. Holen Sie aus der Erde, was nicht hineingehört. Dichtem Unkraut kann man mit einer Motorsense beikommen. Graben Sie alle Unkräuter mit einer Grabgabel aus, denn ein Spaten zerschneidet die Wurzeln und fördert so die Verbreitung.

Versuchen Sie Unkraut als Ganzes zu entfernen. Bleiben Teile im Boden, können sie neu austreiben.

Tief wurzelnde Unkräuter werden mit der Grabgabel herausgehebelt.

2 Sobald Unrat und Unkraut aus dem Erdreich entfernt sind, geht es an das Umstechen. Mit einem Spaten kann man tief graben und verdichtete Klumpen aufbrechen, die ein Wurzelwachstum verhindern. Eine Grabgabel wiederum lockert die Erde und kann zusätzlich als Grobsieb verwendet werden. Ideal ist ein Umstechen zwei Spaten tief.

3 Nach dem Umgraben wird organische Substanz in die Erde eingearbeitet. Am wertvollsten ist selbst angesetzter Gartenkompost, doch kann man sich auch Humus aus dem Gartencenter kaufen. Tierställe in der Umgebung liefern vielleicht Stallmist. Nach dem Einarbeiten harkt man die Erde eben und wartet bis zum Bepflanzen noch ein paar Wochen.

Der Humus muss gut verrottet sein, sonst ist er zu scharf für die Pflanzen.

Mit einer Grabgabel wird die organische Substanz in den Boden eingearbeitet.

Pflanzgefäße

Obst und Gemüse selbst anzubauen ist ganz einfach. Man braucht keinen Obsthain, keinen Nutzgarten, ja, nicht einmal einen Garten. Die meisten Pflanzen lassen sich in Töpfen, Fensterkästen und Hochbeeten kultivieren. Schmackhaftes reift also auch auf Terrassen, Balkonen und Dachgärten heran. Wer gern kreativ anbaut, kann sogar alte Gummistiefel, Tupperware oder Spülsteine als Pflanzgefäße zweckentfremden.

Tipp Als Pflanzgefäß lässt sich fast alles nutzen. Die einzige Voraussetzung sind Löcher im Boden, sodass überschüssiges Wasser ablaufen kann.

Töpfe

Töpfe eignen sich hervorragend für die Obst- und Gemüsekultur. Man kann sie im Verlauf des Jahres beliebig umstellen, damit Ihre Pflanzen immer möglichst viel Sonne abbekommen. Besonders einfach ist die Unkrautbekämpfung, denn es gibt kaum Fläche zu jäten. Kaufen Sie frostfeste Töpfe in den zu den Pflanzen passenden Größen. Möhren etwa brauchen tiefere Töpfe als Flachwurzler wie Blattsalat. Da Töpfe rascher austrocknen als Freilandbeete, muss man sie regelmäßig wässern. Wichtig ist außerdem wöchentliches Düngen.

Fensterkästen

Wer seinen Außenraum optimal nutzen möchte und einen freien Fenstersims zur Verfügung hat, kann dort einen Fensterkasten aufstellen. Idealerweise platziert man ihn vor dem Küchenfenster, damit man während des Kochens stets frische Kräuter oder Salatblätter griffbereit hat. Sät man seinen Fensterkasten das ganze Jahr sukzessive neu an, ist eine lückenlose Versorgung gewährleistet.

Hochbeete

Erdbeerstiefel

Hochbeete

Hochbeete sind die Ideallösung für alle Gärten mit minderwertiger Gartenerde, denn sie lassen sich mit bestem Substrat füllen. Weil sie eine gewisse Höhe haben, kann überschüssiges Wasser gut ablaufen und das Erdreich sich im Frühjahr rascher erwärmen. Gleichzeitig fällt das Ernten leichter. Hochbeete lassen sich aus Altholz wie Schalbrettern oder ausgemusterten Balken zimmern, doch es gibt sie auch als Bausatz zu kaufen.

Ungewöhnliche Gefäße

Sie wissen nicht, wo Sie Ihre künftigen Mahlzeiten anbauen sollen? Werden Sie kreativ. Alte Wasserkessel, Saftkartons, Kochsiebe und vieles mehr kann als Pflanzgefäß herhalten. Selbst alte Gartenstiefel lassen sich mit Erde füllen und mit Pflanzen wie etwa Erdbeeren besetzen. Größere Behältnisse wie Schubkarren und alte Spülbecken geben ebenfalls ausgezeichnete »Minigärten« ab. Sie brauchen nur eines: Abzugslöcher.

Standortwahl

Bevor Sie sich ans Aussäen und Bepflanzen machen, erkunden Sie Ihr Grundstück. Welche Plätze bekommen viel Sonne ab? Welche liegen oft im Schatten? Wie sind die Lichtverhältnisse zu unterschiedlichen Tageszeiten? Was ist die Hauptwindrichtung? Sind manche Stellen frostgefährdeter als andere? All das sollten Sie bei der Auswahl der Pflanzenstandorte berücksichtigen.

Sonnenanbeter: Kürbisse

Schattenwesen: Mangold

Licht und Schatten

Topfpflanzen lassen sich beliebig in die Sonne oder den Schatten stellen, bei Freilandpflanzen geht das jedoch nicht – sie müssen an einen für sie geeigneten Ort gesetzt werden. Die meisten bevorzugen volle Sonne, etwa mediterrane Arten wie Tomaten, Auberginen, Paprika und Kürbisse. Doch auch wer einen schattigen Garten hat, braucht nicht zu verzagen, denn manche Nutzpflanzen kommen durchaus mit leichtem oder sogar vollem Schatten zurecht. Blattgemüse wie Mangold und Spinat sowie einige Mitglieder der Kohlfamilie wie Rosenkohl, Brokkoli und Blumenkohl haben in der Regel nichts gegen moderaten Schatten einzuwenden. Kochäpfel, Stachelbeeren und Rote Johannisbeeren wachsen an kühlen Nordmauern, während Rhabarber der ideale Unkrautunterdrücker für dunkle Ecken ist.

Geschützte Plätze

Kräftige Winde können hohe Pflanzen wie Mais umwerfen und die Blätter von Laubgemüse zerrupfen. Sehr starke Böen lockern mitunter sogar Obstgehölze, was ihren Wurzeln gar nicht guttut. In besonders exponierten Gärten kann man das Schlimmste mit einem Windfang verhindern. Am nützlichsten sind Hecken, die den Wind bremsen, ihn aber nicht völlig abblocken. Etwas Luftbewegung ist sogar sinnvoll, denn sie beugt dem Befall durch Schädlinge und Krankheiten vor. Auch kann man größere Nutzpflanzen wie Stangenbohnen oder Brombeersträucher zum Schutz von empfindlicheren Nachbarn einsetzen. Hervorragende Dienste leisten Mischhecken aus Weißdorn, Holunder, Wildrosen und Schlehe, denn sie brechen den Wind nicht nur, sondern kommen auch bei der heimischen Tierwelt gut an.

Frostschutz

Fröste richten den meisten Schaden im Frühjahr an, wenn zarte Jungpflänzchen ins Freie gesetzt werden und Obstbäume bzw. -sträucher ihre Blüten öffnen. Man kann sie mit verschiedenen Strategien schützen. Am gängigsten sind Abdeckungen wie Folienhauben, die die Gewächse warm halten. Über Obstgehölze oder frisch angesätes Gemüse lässt sich Gartenvlies legen. Verfolgen Sie die Wettervorhersagen und haben Sie Geduld: Irgendwann ist die Frostgefahr unweigerlich vorbei.

Der Lebenszyklus der Pflanzen

Um gut gärtnern zu können, muss man die wichtigsten Phasen im Lebenszyklus der Pflanzen kennen. Für die Pflanze geht es vor allem darum, Samen anzusetzen und damit ihren Fortbestand zu garantieren. Samen werden über verschiedene Wege verbreitet: durch Wind, Tiere, Wasser – und natürlich Gärtner.

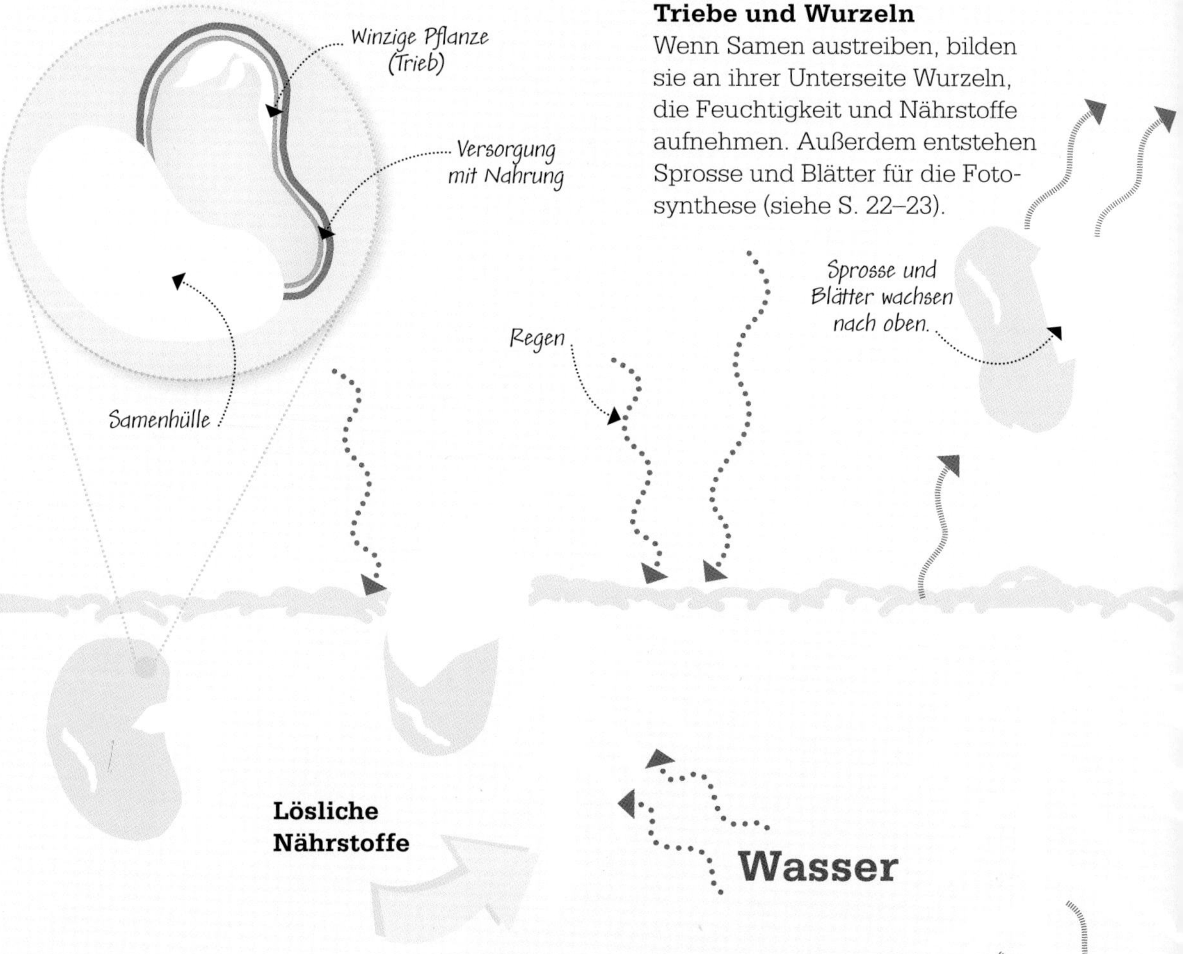

Winzige Pflanze (Trieb)

Versorgung mit Nahrung

Samenhülle

Triebe und Wurzeln

Wenn Samen austreiben, bilden sie an ihrer Unterseite Wurzeln, die Feuchtigkeit und Nährstoffe aufnehmen. Außerdem entstehen Sprosse und Blätter für die Fotosynthese (siehe S. 22–23).

Regen

Sprosse und Blätter wachsen nach oben.

Lösliche Nährstoffe

Wasser

Samen

Samen sind das erste und letzte Stadium des Pflanzenlebens. Sie wirken leblos, enthalten aber eine Pflanze im Embryozustand, die zum Leben erwacht.

Keimung

Die früheste Phase der Entwicklung wird durch ausreichend Wärme, Feuchtigkeit und Erde ausgelöst. Erstes Anzeichen ist ein Trieb, der die Samenhülle durchbricht.

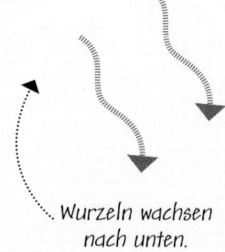

Wurzeln wachsen nach unten.

Sonne

Licht-
energie

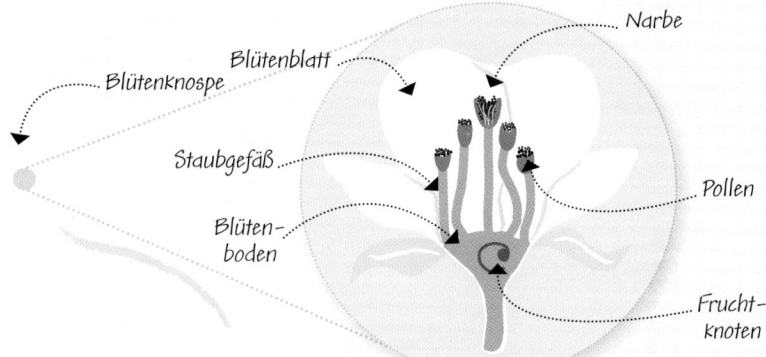

Narbe

Blütenblatt

Blütenknospe

Staubgefäß

Pollen

Blüten-
boden

Frucht-
knoten

**Kohlen-
dioxid**

Blüten bilden sich

Damit Früchte und Samen entstehen,
müssen die Blüten von Insekten oder
vom Wind bestäubt werden. Je far-
benfroher und duftender die Blüte ist,
desto leichter lockt sie Insekten an.

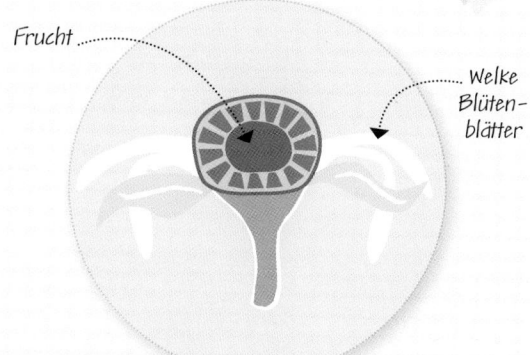

Frucht

Welke
Blüten-
blätter

*Die Wurzeln
verzweigen sich
nach unten hin
immer weiter.*

Früchte reifen heran

Eine Bestäubung findet statt, wenn
Pollen auf die weibliche Narbe
gelangt. Der Fruchtknoten wächst zu
einer samengefüllten Frucht heran.

Fotosynthese

Durch diesen Vorgang gewinnen Pflanzen Nahrung und Energie. Ohne Fotosynthese könnten sie nicht wachsen. Die »Zutaten« sind Wasser und Kohlendioxid, die mithilfe von Licht in Zucker umgewandelt werden. Dabei wird Sauerstoff freigesetzt. Kohlendioxid nehmen die Pflanzen über ihre Blätter aus der Luft auf, Licht steuert die Sonne bei und Wasser nehmen die Wurzeln auf.

Der Weg des Kohlendioxids

Pflanzen gewinnen Kohlendioxid aus der Luft. Es gelangt über winzige Öffnungen, die Stomata genannt werden und sich meist auf der Unterseite der Blätter befinden, in die Pflanze.

Zellstruktur

Die Fotosynthese findet innerhalb der Pflanzenzellen in Organen statt, die Chloroplasten genannt werden. Sie enthalten Chlorophyll, einen grünen Farbstoff, der Blättern und Trieben ihre Farbe gibt.

Der Weg des Wassers

Pflanzen nehmen das für die Fotosynthese benötigte Wasser über die Wurzeln auf. Es wird über das holzige Leitgewebe in den Trieben, das Xylem, nach oben in die Blätter transportiert.

Sonne

Licht-energie

Kohlendioxid + Wasser

Licht

Zucker + Sauerstoff

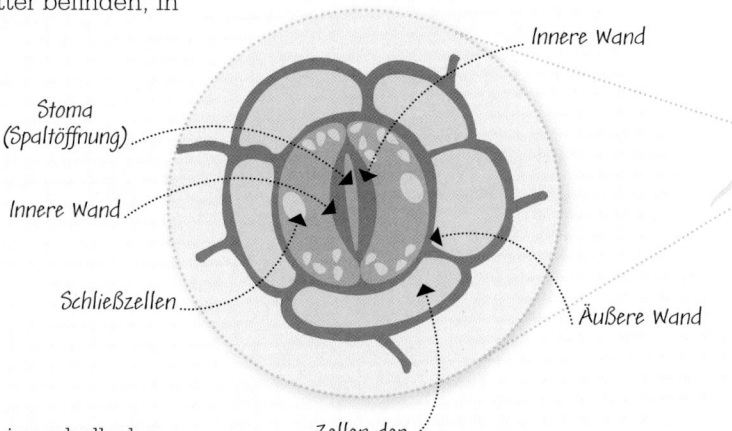

Innere Wand

Stoma (Spaltöffnung)

Innere Wand

Schließzellen

Äußere Wand

Zellen der Epidermis

Kohlen-dioxid

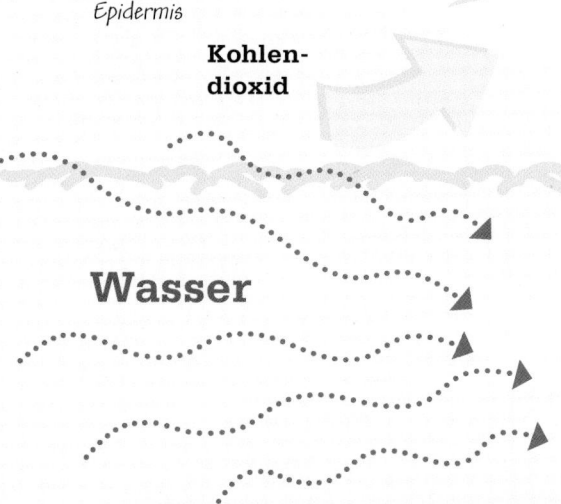

Wasser

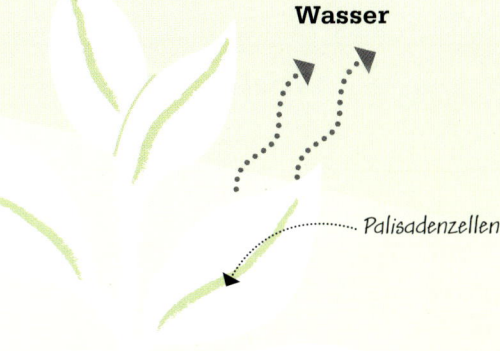

Wasser

Palisadenzellen

Die Rolle der Sonne

Blätter absorbieren Sonnenlicht über Palisadenzellen auf ihrer Oberseite. Diese enthalten viele Chloroplasten, in denen die Fotosynthese abläuft.

Die Abgabe von Sauerstoff

Pflanzen nehmen Kohlendioxid aus der Luft auf. Gleichzeitig produzieren sie Sauerstoff, den sie an die Luft abgeben. Dieser Gasaustausch findet über Stomata in den Blättern statt.

Der Aufbau der Wurzeln

Wurzeln sind ganz darauf ausgerichtet, Wasser aufzunehmen. Sie haben eine sehr große Oberfläche und dünne Zellwände. Wasser gelangt über Haarzellen in die Wurzeln.

Sauerstoff

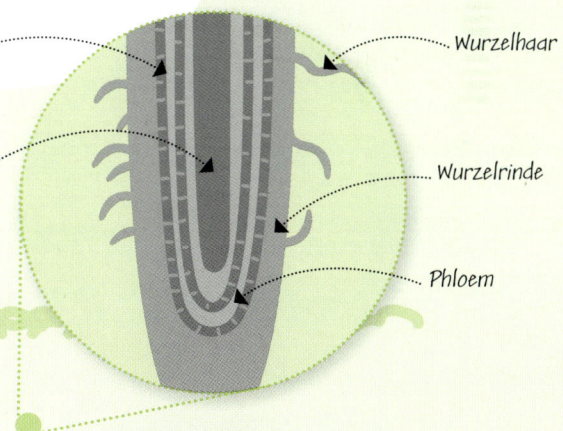

Apikalmeristem (teilungsfähiges Gewebe, das Spross- und Wurzelzellen bildet)

Xylem

Wurzelhaar

Wurzelrinde

Phloem

Kohlendioxid

Wurzeln

Stärkespeicher (Kartoffel)

Zuckerspeicher

Pflanzen wandeln Kohlendioxid und Wasser in Sauerstoff und Glucose um. Dieser Zucker wird von der Pflanze verbraucht oder über die Nährstoffleitbahn, das sogenannte Phloem, aus den Blättern abtransportiert und als Stärke gespeichert.

Pflanzennährstoffe

Fehlen Pflanzen die passenden Nährstoffe, wachsen sie nicht
mehr gut. Die meisten Nährstoffe holen sie sich aus dem
Boden. Deshalb führt man ihnen durch Düngen und Einarbeiten
von Bodenverbesserern ins Erdreich neue Energie zu. Andere
Nährstoffe gelangen über die Luft und Wasser in die Pflanze.

Sonne

Grundnährstoffe

Kohlenstoff, Wasserstoff und Sauerstoff kommen
in Luft und Wasser vor. Sie sind als Grundnähr-
stoffe an der Bildung von Cellulose beteiligt, die
Pflanzen stützt und aufrecht hält. Zudem wirken
sie bei der Fotosynthese mit.

*Chlorophyll
absorbiert
Sonnenlicht.*

Primäre Makronährstoffe

Unerlässlich für Pflanzen sind außerdem die
essenziellen Makronährstoffe Stickstoff, Phosphor und Kalium. Sie kommen im Boden vor und
werden bei Düngemitteln als NPK abgekürzt.

Sekundäre Makronährstoffe

Schwefel, Kalzium und Magnesium sind
ebenfalls wichtige Nährelemente. In Böden sind sie in der Regel in ausreichender Menge enthalten. Den Kalzium- und
Magnesiumgehalt kann man durch Kalken
erhöhen.

*Gase werden
über Sto-
mata an der
Blattoberfläche
ausgeschieden.*

**Kohlen-
dioxid**

Mikronährstoffe

Diese Spurenelemente wer-
den nur in winzigen Mengen
benötigt. Zu ihnen gehören Bor,
Kupfer, Mangan, Eisen und Zink.

*Wasser und Nähr-
stoffe werden über
das Wurzelsystem
aufgenommen.*

Wasserstoff

Wasser

**Lösliche
Nährstoffe**

**Sauer-
stoff**

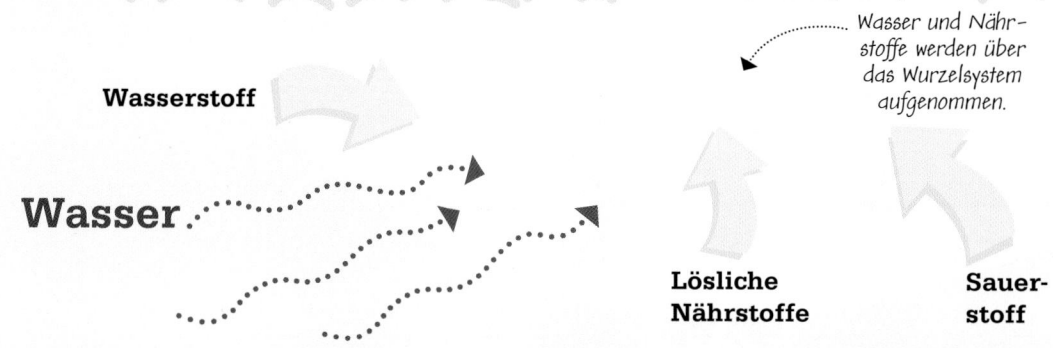

Nährstoffe	Bedeutung	Was bewirkt ein Mangel?	Herkunft
Kohlenstoff	Wird bei der Fotosynthese in Zucker umgewandelt.	Die Pflanze kann keine Energie mehr produzieren und stirbt.	Entstammt dem Kohlendioxid in der Luft.
Wasserstoff	Wichtig für die Bildung von Zuckern bei der Fotosynthese.	Ein Mangel zieht einen Mangel an Zucker nach sich. Die Pflanze stirbt.	Wird aus der Luft oder aus Wasser gewonnen.
Sauerstoff	Ihn braucht die Pflanze, um Zucker in Energie umzuwandeln.	Ein Mangel ist kaum möglich.	Stammt aus der Umgebungsluft und aus Wasser.
Stickstoff	Hilft der Pflanze grünen, saftigen Wuchs zu bilden.	Die Pflanze stellt ihr Wachstum ein, das Laub wird gelb.	Boden und Dünger. Leguminosen binden ihn aus der Luft.
Phosphor	Regt die Pflanze zu gutem ober- und unterirdischem Wuchs an.	Die Wurzeln wachsen nicht mehr, das Laub wird violett.	Aus dem Boden und Dünger wie Blut-, Fisch- und Knochenmehl.
Kalium	Gut für Farbe, Geschmack und Widerstandsfähigkeit.	Vergilbungen und Flecken am unteren Laub.	Kommt im Boden vor und wird oft Düngern hinzugefügt.
Schwefel	Fördert Chlorophyllbildung, Wurzelwachstum und Wüchsigkeit.	Das Laub wird gelb, die Pflanze langtriebig und staksig.	Im Boden, Regenwasser und vielen Düngern vorhanden.
Kalzium	Ist Teil der Zellwand und kräftigt die Pflanze.	Die aktivsten Pflanzenteile, etwa Blattspitzen, werden gelb.	Im Boden, aber auch in Kalk, Gips und Kalziumchlorid enthalten.
Magnesium	Ist in Chlorophyll enthalten und wird für die Fotosynthese benötigt.	Das Laub färbt sich zwischen den Adern gelb.	Im Boden und in organischer Substanz, Düngern und Kalk.
Eisen	Wichtig für die Entwicklung von Chlorophyll und die Fotosynthese.	Ein Mangel verursacht eine Vergilbung der Blattränder.	Kommt im Boden, aber auch in manchen Düngemitteln vor.
Zink	Reguliert den Verbrauch von Zuckern.	Mangel führt zu Blatt- und Fruchtmissbildungen.	Kommt im Boden, aber auch in vielen Düngemitteln vor.
Mangan	Am Abbau des Zuckers in den Pflanzen beteiligt.	Die Blätter verfärben sich zwischen den Adern gelb.	Im Boden enthalten.
Kupfer	Fördert das Wachstum und den Zuckerstoffwechsel.	Die oberen Blätter werden gelb.	Im Boden und in manchen Düngepräparaten enthalten.

1

Basics

Der Anbau von Obst und Gemüse ist eine unglaublich erfüllende Erfahrung. Sobald man die Grundlagen kennt und weiß, was Pflanzen brauchen, kann man etliche Nutzpflanzen selbst kultivieren, selbst wenn der Garten noch so klein ist. In diesem Kapitel steigen Sie mit einigen der unkompliziertesten Obst- und Gemüsesorten ein, angefangen von Blattsalaten bis hin zu Erdbeeren.

Das lernen Sie in Teil 1 anzubauen

Blattsalate
S. 36–39

Tomaten
S. 42–45

Kräuter
S. 48–51

Zwiebeln
S. 52–55

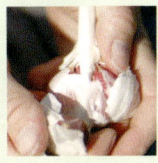

Knoblauch
S. 56–59

Erdbeeren
S. 60–64

Aussaat

Es macht Spaß zuzusehen, wie aus Samen Pflänzchen werden. Saatgut kann im Gartencenter vor Ort oder online gekauft, aber auch selbst von Pflanzen aus dem Vorjahr gesammelt werden. Manche Arten sät man direkt ins Freiland, bei anderen ist eine Vorkultur unter Glas nötig.

Feinkörnigen Samen kann man direkt aus dem Päckchen ausbringen.

Tipp Manche Pflanzen würden die Direktaussaat ins Freiland nicht überleben, da sie vor Kälte geschützt werden müssen, solange sie jung sind. Man sät sie daher gemäß den Vorgaben auf der Samenpackung drinnen aus.

Aussaat in Saatschalen

Für kleinkörnige Samen etwa von Blattsalaten füllt man eine Saatschale mit Substrat und drückt es leicht fest. Dann werden die Samen auf der Oberfläche verteilt und dünn mit Erde abgedeckt. Nach dem Wässern schließt man den durchsichtigen Deckel und stellt die Schale auf eine warme, helle Fensterbank. Sobald die Samen keimen, entfernt man die Abdeckung.

Drücken Sie die Erde mit den Fingern oder dem Boden eines zweiten Topfs fest. ········

Verwenden Sie gute Qualitäts-erde, um gesunde Pflanzen zu bekommen.

Topf mit Erde füllen

Nach dem Aus-säen wässert man die Samen. ········

Bedecken Sie die Samen vorsichtig mit Erde.

Samen mit Erde bedecken

Aussaat in Töpfen

Größere Samen, etwa von Stangenbohnen, kann man in Einzeltöpfe säen. Dazu füllt man jeden Topf mit Universalerde, drückt mit dem Pflanzholz oder Finger ein Loch hinein, schiebt einen Samen in jedes Loch und bedeckt ihn mit Erde. Danach wässern. Stülpen Sie eine Plastiktüte über jeden Topf. Sie wird abgenommen, sobald die Keimlinge erscheinen.

Einpflanzen

Ganz gleich, ob Sie Ihre Pflänzchen durch Aussaat herangezogen oder fertig gekauft haben: Beim Umsiedeln ins Freiland ist Timing das A und O. Wer zu früh dran ist, muss mit Frostschäden rechnen, wer zu lange wartet, bekommt möglicherweise ungesunde Pflanzen mit verdichteten Wurzelballen.

Sie müssen die Bedürfnisse Ihrer Pflanzen kennen: Brauchen sie Sonne oder eher Schatten?

Tipp Wer wenig Platz, aber viele Sämlinge hat, entsorgt kleine, kränkelnde Exemplare und pflanzt nur die kräftigsten.

Pflanzen aus dem Topf holen

Holen Sie die Pflanzen vorsichtig aus dem Topf. Dazu drückt man den Topf, sofern aus Kunststoff, leicht zusammen, ohne die Wurzeln zu verletzen, und zieht die Pflanze am Ansatz heraus. Sie darf dabei nicht geknickt werden oder abreißen. Sämlinge aus Saatschalen hält man an den Blättern und hebt die empfindlichen Wurzeln mit einem Pflanzholz oder Stift heraus.

Bereiten Sie den Boden durch Jäten und Einarbeiten von gut verrottetem Stallmist oder Kompost für das Bepflanzen vor.

Die Pflanze wird gut festgedrückt, damit die Wurzeln Kontakt zum Erdreich haben.

Einpflanzen ins Beet

Graben Sie ein Loch, das so tief wie der Topf hoch ist, und bedecken Sie den Boden mit Kompost. Pflanzt man zu tief, fault der Trieb, pflanzt man nicht tief genug, trocknet der Wurzelballen aus und die Pflanze welkt. Nach dem Einpflanzen Erde um die Pflanze festdrücken.

Das Laub sollte möglichst nicht nass werden, da die Blätter Sonnenbrand bekommen können.

Nach dem Einpflanzen wird ordentlich gewässert.

Angießen

Wässern Sie den Boden um die frisch gesetzten Pflänzchen mit einer feinen Brause. So wird der Wurzelraum gründlich eingeweicht, ohne dass Blätter oder Triebe Schaden nehmen. Gutes Wässern erleichtert den Wurzeln das Durchdringen des Erdreichs.

Pflanzen **wässern**

Ohne Wasser werden Pflanzen krank und sterben ab. Deshalb dürfen sie nicht austrocknen. Genauso wichtig aber ist es, im Garten Wasser zu sparen. Mit Tonnen lässt sich Regenwasser einfangen. Gegossen wird am besten morgens oder abends, wenn es kühler ist, damit die Pflanzen das Wasser absorbieren können, bevor es in der Hitze verdunstet.

Ein Brauseaufsatz auf der Gieß-kanne verteilt das Wasser gleich-mäßig und sanft um die Pflanzen.

Versuchen Sie das Wasser nicht auf das Laub zu gießen, sondern direkt in den Wurzelraum.

Gefäße brauchen ausreichend Abzugslöcher.

Gießkannen

Gießkannen sind ideal zum Wässern für alle, die einen kleinen Garten oder eine Ansammlung von Töpfen in Hausnähe haben. Etwas mühsamer ist das Wässern mit Kannen, wenn der Wasserhahn bzw. die Regentonne weit weg vom Gemüsegarten ist.

Versuchen Sie den Wurzel-raum direkt zu wässern, um die Pflanzen nicht zu verletzen. .....

Mit einem langen Griff kommt man leichter zu weiter entfernten Pflanzen.

Gartenschlauch

Mit einem Schlauch lassen sich Nutzpflan-zen mühelos und gründlich wässern. Viele Schläuche haben Aufsätze mit einer Reihe unterschiedlicher Einstellungen, sodass man die Stärke des Strahls und seine Streuung gut regeln kann.

Das Wasser sickert aus dem Schlauch direkt in das Erdreich. ....

Regelmäßiges Wässern hält die Pflanzen grün und gesund.

Tropfschlauch

Tropf- bzw. Sickerschläuche haben winzige Löcher, durch die Wasser langsam austritt. Man verlegt sie auf dem Boden, sodass das Wasser direkt im Erdreich versickert und sofort zu den Wurzeln gelangt, wo es am dringendsten gebraucht wird.

Anbinden und **Entspitzen**

Manche Nutzpflanzen verwenden mehr Energie auf das Höhenwachstum und die Laubbildung als auf das Ansetzen dicker Früchte und Gemüseköstlichkeiten. Dagegen kann man allerdings etwas tun. Ungezügelten Wuchs hält man im Zaum, indem man die Triebe anbindet, sodass sie ordentlich wachsen, und indem man die Triebspitzen abzwickt.

Triebe werden mit einer Schlinge in Achterform angebunden.

Tipp Zum Anbinden von Pflanzen verwendet man eine weiche Gartenschnur. Sie wird in Achterform um den Trieb und eine Stütze geschlungen. So wird der Trieb nicht eingeschnürt und reibt auch nicht an der Stütze.

Anbinden

Tomaten, Auberginen, Paprika und andere Pflanzen müssen immer wieder angebunden werden, denn sie wachsen im Sommer schnell. Mit einer kräftigen Stütze hält man sie aufrecht. Eine gute Stütze ist auch wichtig, wenn sich die schweren Früchte bilden.

Das Entfernen von Seitentrieben fördert einen reichen Fruchtansatz. ......

Zwicken Sie die Triebe stängelnah mit Daumen und Zeigefinger ab.

Entfernen von Seitentrieben

Das Auskneifen der Triebspitze fördert einen buschigen Wuchs. .....

Abgezwickt wird die Triebspitze knapp oberhalb des darunterstehenden Blattpaares.

Entspitzen des Haupttriebs

Entspitzen

Durch Entfernen von Seitentrieben, z. B. an Tomaten, sorgt man dafür, dass die Pflanze ihre Energie auf das Wachstum der Früchte und nicht der Blätter konzentriert. Das Abzwicken von Triebspitzen, etwa bei Basilikum, lässt die ganze Pflanze buschiger wachsen.

Salat im Fensterkasten

Der Anbau von Gartensalat im Fensterkasten ist leicht und geht schnell. Außerdem kommt man damit wesentlich billiger weg als mit Supermarktware. Weil die Blätter in Reichweite sind, hat man sie immer im Blick und kann bei Bedarf wässern und problemlos ernten.

Volle Sonne oder Halbschatten

Feuchte Böden

Sie brauchen

Fensterkasten

Tonscherben

Universalerde

Handschaufel

Bambusstäbe

Samenpäckchen,
  z. B. für Gartensalat, Rucola und Feldsalat

Gießkanne mit feiner Brause

Schere

Fensterkasten

Universal-erde

Bambus-stäbe

Ton-scherben

Schere

Samen

Gieß-kanne

Hand-schaufel

Gartensalate: *nach 4–6 Wochen erntereif*

Aussäen: *drinnen ganzjährig, draußen von April bis September*

Wässern: *vor allem für Jungpflanzen und bei Hitze wichtig*

Ernten: *drinnen ganzjährig, draußen von Mai bis Oktober*

1 Tonscherben über die Abzugslöcher im Boden des Kastens legen, dann Kasten mit hochwertiger Universalerde füllen. Oberfläche leicht mit einer Gießkanne mit feinem Brausemundstück wässern. Mit einem Bambusstab in Längsrichtung flache Saatrillen in die Erde drücken.

Tipp Das Saatgut keimt rascher, wenn der Boden leicht feucht ist.

Hat man keinen Bambusstab, tut es auch ein Stift.

Die Samen werden mit Daumen und Zeigefinger gestreut.

Füllen Sie den Kasten nur bis etwa 1 cm unter den Rand mit Erde.

2 Samen mit der Hand in die Rillen streuen. Dabei die auf dem Samenpäckchen empfohlenen Abstände einhalten.

Tipp Sind die Samenkörnchen sehr klein, mischt man sie mit etwas Sand. So trifft man die Rillen besser und sät auch nicht versehentlich zweimal.

Schieben Sie die Samen nicht versehentlich aus den Rillen.

3 Samen dünn mit Erde bedecken. Kasten in ein sonniges bis halbschattiges Fenster stellen. Regelmäßig wässern, damit das Substrat nicht austrocknet. Wenn der Salat nach 4–6 Wochen erntereif ist, alle paar Tage einige Blätter am Ansatz abschneiden, damit sie wieder austreiben.

Aufgepasst! Im Sommer muss ggf. täglich gewässert werden, denn Kästen trocknen rasch aus.

Pflege von **Gartensalaten**

Gartensalate sind sehr pflegeleicht, müssen aber regelmäßig gewässert und vor Schnecken geschützt werden, um so gut wie möglich zu gedeihen.

Die Blätter werden geerntet, solange sie noch jung und frisch sind.

Nach dem Abernten sollten binnen weniger Wochen neue Blätter austreiben.

Darauf sollten Sie achten

Welke Blätter Fensterkästen trocknen rasch aus, vor allem wenn sie in der Sonne stehen. Fangen die Blätter an umzufallen und welk zu werden, muss rasch gründlich gewässert werden. Prüfen Sie immer wieder routinemäßig das Erdreich, ob es trocken ist. Ein Flüssigdünger einmal in der Woche verhindert, dass die Salate in ihrer Wuchskraft nachlassen.

Schnecken Schnecken können einen Salatbestand völlig vernichten. Blattsalate sind nicht einmal in Fensterkästen völlig sicher vor ihnen. Prüfen Sie Ihre Pflanzen immer wieder auf Fraßschäden (Tipps zur Bekämpfung auf S. 66–67). Auch Raupen können zum Problem werden. Man sammelt sie von Hand ab, sobald man sie entdeckt.

Vögel Machen sich Vögel über Ihre Salatkulturen her, schützt man sie am besten mit Netzen.

Ebenfalls empfehlenswert ▶ ▶ ▶

Anbau von **Gartensalat und essbaren Blüten**

Volle Sonne oder Halbschatten

Feuchte Böden

Sie brauchen

Samen von Gartensalaten oder essbaren Blüten

Pflanzgefäße, z. B. Fensterkästen

Universalerde

Gießkanne

Zarte Gartensalate und essbare Blüten wie Kapuzinerkresse, Ringelblume und Veilchen lassen sich gut in Gefäßen ziehen. Als Flachwurzler eignen sie sich hervorragend für Fensterkästen. Sie reifen rasch heran und sind binnen Wochen nach dem Aussäen erntereif. Ihre Blätter und Blüten bereichern gemischte Salate farblich wie geschmacklich.

AUSSAAT

Die Samen werden im Frühjahr in Gefäße mit Universalerde gesät. Dazu zieht man flache Saatrillen, streut das Saatgut hinein, bedeckt es mit Erde und wässert gut. Nach dem Keimen brauchen die Sämlinge viel Sonne. Sie werden regelmäßig gewässert, wobei man allerdings darauf achtet, Wasser nur auf das Erdreich und nicht auf die empfindlichen Blättchen zu gießen.

Sämlinge werden ausgedünnt, falls sie zu dicht stehen. Sie lassen sich als Babysalat verwenden.

ERNTE

Gartensalate sollten nach 10–12 Wochen erntereif sein. Sie können ganz oder blättchenweise als Pflücksalat geerntet werden.

Essbare Blüten sind nach etwa 5–6 Wochen erntereif. Man zupft die geöffneten Blüten ab und legt sie auf Küchenpapier, damit Insekten entfernt werden können. Waschen sollte man die Blüten möglichst nicht. Man kann sie bis zur Verwertung ein paar Stunden im Kühlschrank im Beutel lagern.

Gartensalate

Essbare Blüten

Anbau von **Spinat und Mangold**

Volle Sonne oder Halbschatten

Feuchte Böden

Sie brauchen

Spinat- oder Mangoldsamen

Pflanzgefäß,
  z. B. ein Fensterkasten

Universalerde

Gießkanne

Wer einmal selbst gezogenen Spinat und Mangold probiert hat, wird auf einen eigenen Bestand das ganze Jahr über nicht mehr verzichten wollen. Dieses Blattgemüse ist nicht nur leicht zu ziehen, sondern auch außerordentlich nährstoffreich.

AUSSAAT

Ausgesät wird in flachen Rillen. Man bedeckt die Samen mit etwas Erde und wässert sie gut an. Nach ein paar Wochen sind die Sämlinge groß genug zum Ausdünnen. Die herausgezupften Pflänzchen werden aber nicht einfach weggeworfen: Man wäscht sie und verwendet sie als Babysalat. Um eine möglichst große Ernte einzufahren, sollte man immer gut wässern und düngen, denn die flachen Gefäße trocknen recht schnell aus.

ERNTE

In Fensterkästen erntet man Spinat und Mangold, solange sie noch klein und zart sind, also nach etwa sechs Wochen. Werden sie doch einmal größer, kann man sie auch für Pfannengerichte verwenden, um ihre Nährstoffe zu bewahren.

PROBLEME

Spinat neigt zum »Schossen«, wie das vorzeitige Blühen und Ansetzen von Samen genannt wird. Er ist dann nicht mehr genießbar. Meist führt Wassermangel zum Schossen. Deshalb ist regelmäßiges Gießen wichtig. Bei Hitze muss mitunter sogar zweimal täglich gewässert werden.

Spinat

Mangold

Tomaten im Topf

Was macht mehr Spaß, als Körbe voll saftiger, sommer-
warmer Tomaten selbst zu ernten? Die Kultur ist kinderleicht: Man hole sich ein Tomatenpflänzchen aus dem
Gartenhandel, setze es ins Erdreich und genieße den
ganzen Sommer lang die paradiesischen Früchte!

Volle Sonne

Feuchte Böden

Sie brauchen

Tomatenpflanzen

Tontopf

Tonscherben

Torffreie Erde

Handschaufel

Bambusstäbe

Schnur

Schere

Gießkanne

Flüssigdünger für Tomaten

Tomatenpflanze

Schnur

Tontopf

Torffreie Erde

Flüssigdünger für Tomaten

Gießkanne

Schere

Tonscherben

Handschaufel

Bambusstäbe

Tomaten: *nach 8–16 Wochen erntereif*

Einpflanzen: *zwischen spätem Frühjahr und Frühsommer*

Wässern: *täglich; Düngen: ab dem Fruchtansatz alle zwei Wochen*

Ernten: *von Hochsommer bis Herbstmitte*

1 Tomaten eignen sich bestens für die Topfkultur an sonnigen, geschützten Stellen. Die gekaufte Pflanze ein paar Stunden vor dem Einsetzen gründlich wässern. Anschließend aus dem Topf ziehen, ohne Wurzeln zu verletzen. Den neuen Topf mit torffreier Universalerde füllen.

Aufgepasst! Zieht man die Tomate aufrecht an Stützen, darf man keine hängende Sorte verwenden.

Der Trieb darf nicht abbrechen.

Zwischen Topfrand und Erde lässt man ein paar Zentimeter Abstand.

2 Tomate in den Topf stellen und den freien Raum um den Wurzelballen mit Erde füllen. Darauf achten, dass die Oberfläche des Ballens mit der Oberfläche der eingefüllten Erde eben abschließt. Ballen und Erde mit den Fingern leicht andrücken.

3 Sitzt die Pflanze gut im Topf, muss sie noch gestützt werden, denn sobald die Früchte heranreifen, wird sie ziemlich kopflastig werden. Am einfachsten geht das mit einem Bambusstab, den man in die Erde drückt, ohne die Wurzeln zu verletzen. Anschließend den Trieb mit einer Schnur an die Stütze binden. Tomate täglich wässern und wöchentlich mit Tomatendünger versorgen.

Zwischen Stab und Pflanze bleiben etwa 10 cm Abstand.

4 Trieb mit zunehmender Länge immer wieder anbinden. Dabei die Schnur in Achterform um Trieb und Stütze winden (siehe S. 34). Durch Abzwicken von Seitentrieben aus den Blattachseln den Fruchtansatz fördern (siehe S. 35). Tomaten ernten, sobald sie rot und weich werden.

Tipp Zum Saisonende Tomaten grün ernten und auf der Fensterbank ausreifen lassen.

Pflege der **Tomaten**

Tomaten sind die mediterrane Frucht schlechthin. Sie gedeihen an sonnigen Standorten und müssen regelmäßig gewässert werden, damit sie nicht austrocknen.

Darauf sollten Sie achten

Weiße Fliegen Diese Schädlinge können auf Pflanzen rasch überhandnehmen. Sie setzen sich an den Blattunterseiten fest und verursachen einen klebrigen Belag (Honigtau). Bei starkem Befall bekämpft man sie mit biologischen Mitteln. Studentenblumen in der Nähe locken sie von den Tomaten weg.

Kaliummangel Wenn die Blätter braun und fleckig werden und nur noch wenige Tomaten an der Pflanze sitzen, kann ein Kaliummangel die Ursache sein. Abhilfe schafft ein kalireicher Dünger, den man wöchentlich verabreicht. Er sorgt für Farbe und Geschmack. Damit die Pflanze generell gesund bleibt, muss sie gut gewässert werden (siehe S. 66).

Tomatenfäule Wenn Blätter, Triebe und Früchte braun werden und faulen, muss die Pflanze sofort vernichtet werden.

Stützen Sie den Trieb mit einem Stab, damit er nicht abbricht.

Die Tomaten erntet man, sobald sie weich werden. Man lässt sie in der Wohnung fertig reifen.

Ebenfalls empfehlenswert ▶ ▶ ▶

Kräuter **im Topf**

Volle Sonne

Leichte Böden

Sie brauchen

Schnittlauch, Basilikum

Töpfe beliebiger Größe, mit Abzugslöchern

Tonscherben

Gute Universalerde

Gießkanne

Kräuter wie Schnittlauch und Basilikum sind im Garten nicht nur hübsch anzusehen, sondern liefern auch leckere Zutaten für verschiedenste Gerichte. Sie müssen gut gewässert und an einen geschützten, sonnigen Ort gestellt werden.

PFLANZUNG

Vor dem Einpflanzen in das neue Gefäß werden die Kräuter in ihrem alten Topf eine Stunde gründlich eingeweicht. Dann holt man den Ballen heraus. Soll die Pflanze geteilt werden, nimmt man den Ballen und trennt ihn vorsichtig in zwei oder mehr Teile.

Auf den Boden des neuen Gefäßes kommen Tonscherben, die man mit einer Lage guter Universalerde bedeckt. Ordnen Sie die Kräuter so an, dass ein dekoratives Arrangement entsteht. Die einzelnen Pflanzen müssen gut verteilt sein; einige platziert man auch am Rand. Lassen Sie etwa 10 cm Platz zwischen den einzelnen Pflanzen. Steht das Arrangement, füllt man die Lücken zwischen den Ballen mit frischer Erde auf und drückt sie gut fest. Lassen Sie zwischen der Erde und dem Topfrand 2–3 cm Platz, wässern Sie gut und stellen Sie den Topf in die Sonne.

Tipp Auf diese Weise können alle möglichen Kräuter gepflanzt werden. Experimentieren Sie nach Belieben mit Kräutern, die Sie für die Küche brauchen.

Schnittlauch

Basilikum

Wurzelgemüse **im Topf**

Volle Sonne **Leichte Böden**

Sie brauchen

Radieschen- oder Rote-Bete-Samen

Topf beliebiger Größe, mit Abzugslöchern

Tonscherben

Gute Universalerde

Gießkanne

Radieschen und Rote Bete sind ideale Schnellstarter: Schon nach 4–5 Wochen hat man nahrhafte, wohlschmeckende Wurzeln auf dem Teller. Sobald sie geerntet sind, kann man sie wieder neu ansäen.

AUSSAAT

Füllen Sie den Topf bis 2–3 cm unter den Rand mit Erde und wässern Sie gut. Anschließend wird das Saatgut locker auf der Oberfläche verteilt und dünn mit Erde bedeckt. Auch die Samen wässert man. Stellen Sie den Topf in die Sonne und gießen Sie ihn regelmäßig.

KULTUR

Sobald die Sämlinge aus der Erde spitzen, kann man sie ausdünnen, damit sie genug Platz zum Wachsen haben. Rote Bete brauchen 5 cm, Radieschen 2–3 cm Abstand zueinander. Die ausgezupften Pflänzchen wäscht man und verwendet sie für Salate.

ERNTE

Geerntet wird, sobald die Wurzeln eine essbare Größe erreichen. Nach etwa 4–5 Wochen haben Baby-Rote-Bete und Radieschen 2–3 cm Durchmesser. Sie sollten dann nicht mehr allzu lange im Topf bleiben, da sie sonst trocken und holzig werden.

Tipp Radieschen vertragen Schatten und können zwischen höhere Nachbarn gepflanzt werden.

Radieschen

Baby-Rote-Bete

Ein Korb voll Kräuter

Stellen Sie einen Korb voll aromatischer Kräuter vor Ihr
Küchenfenster. Dieses Arrangement bleibt pflegeleicht, so
knapp der Platz auch sein mag. Sie können es ganz nach
Ihren kulinarischen Vorlieben zusammenstellen.

Volle Sonne   **Leichte Böden**

Sie brauchen

Hängekorb, mit Folie ausgekleidet

Universalerde

Gartenkies

Kräuter,
z. B. Rosmarin, Schnittlauch, Salbei,
Majoran, Thymian und Zitronenverbene

Handschaufel

Gießkanne

Wandhalterung

Bohrmaschine und Schrauben

Hängekorb

Universalerde

Gartenkies

Schrauben

Handschaufel

Wand-halterung

Gieß-kanne

Bohrmaschine

Kräuterpflänzchen

Kräuter: *nach 4–16 Wochen erntereif*

Einpflanzen: *zwischen Frühjahrsmitte und Hochsommer*

Wässern: *Jungpflanzen reichlich, vor allem im Hochsommer*

Ernte: *ganzjährig nach Bedarf*

1 Falls der Korb nicht bereits ausgekleidet ist, eine Plastikfolie hineinlegen. Kräuter gedeihen in durchlässigem Substrat am besten, daher Universalerde mit Kies im Verhältnis 5:1 mischen und den Boden des Korbs damit bedecken.

Vorsicht! Die Folie braucht Abzugslöcher. Falls sie noch keine hat, sticht man sie mit einem Messer oder der Schere hinein.

Füllen Sie das Gefäß zur Hälfte und lassen Sie noch genug Platz für die Ballen der Kräuter.

Da der Korb gut sichtbar aufgehängt wird, sollte er dekorativ sein.

Manche Kräuter kann man teilen, falls sie zu groß sind.

2 Kräuter auswählen, die Sie gern in der Küche verwenden. Aufrecht wachsende Formen in die Mitte, hängende Pflanzen an den Rand setzen. Auch hängende Blütengewächse wie Lobelien oder Petunien können dazugepflanzt werden.

Tipp Pflanzen Sie keine Minze, denn sie verdrängt andere Pflanzen.

3 In einen durchschnittlichen Korb sollten 5–6 Pflanzen passen. Kräuter in den Korb stellen und Lücken um die Wurzelballen mit der Erde-Kies-Mischung auffüllen, dabei immer wieder mit den Fingern andrücken.

Tipp Füllen Sie den Korb nur bis 2–3 cm unter den Rand mit Erde, damit er beim Wässern nicht zu schnell überläuft.

Die Lücken zwischen den Pflanzen werden mit Erde gefüllt. Substrat gut festdrücken.

4 Kräuter nach dem Pflanzen gut wässern. Korb mit einer tragfähigen Halterung an einen warmen, geschützten Platz hängen. Im Sommer mindestens einmal täglich wässern und jede Woche einen Flüssigdünger geben. Ansonsten nur wässern, wenn die Erde ausgetrocknet ist.

Tipp Gewässert wird am besten morgens oder abends, wenn es am kühlsten ist.

Beim Gießen verwendet man am besten eine Kanne mit Brause, damit das Wasser sanft verteilt wird.

Pflege der **Kräuter**

Wo Platz Mangelware ist, sind Kräuter in Blumenampeln eine gute Lösung. Man muss nicht viel tun, damit sie gesund bleiben und gedeihen.

Darauf sollten Sie achten

Welke Blätter Blumenampeln mit stark durchlässiger Erde trocknen rasch aus. Im Sommer müssen sie oft sogar fast täglich gewässert werden. Achten Sie darauf, dass die Abzugslöcher immer offen bleiben, damit die Pflanzen nicht in der Nässe stehen.

Puderartige Schicht auf Blättern und Trieben Mehltau verursacht einen weißlichen Überzug auf dem Laub. Die Blätter wachsen oft verkrümmt. Alle infizierten Exemplare müssen entsorgt werden. Verhindert wird Mehltau durch viel Sonne, nicht zu viel Feuchtigkeit und eine gute Luftzirkulation, die man durch gelegentliches Ausdünnen erreicht.

Frischer Wuchs Ernten Sie Blätter und Triebe regelmäßig, um die Pflanzen zum Neuaustrieb anzuregen. Manchen Kräutern, etwa Rosmarin, tut es gut, wenn sie im Frühjahr etwas gestutzt werden.

Verdichteter Wuchs Die hier vorgeschlagenen Kräuter sind mehrjährig und halten einige Jahre aus. Weil es im Gefäß aber recht eng zugeht, ist es ratsam, einige im Herbst zu teilen und mit frischem Substrat wieder neu einzupflanzen.

Am schönsten sieht es aus, wenn man Kräuter unterschiedlicher Farbe und Textur wählt.

Zwiebeln pflanzen

Wer gern kocht, sollte in seinem Küchengarten auf jeden
Fall Zwiebeln einen Platz reservieren. Sie können zwar
ausgesät werden, doch wesentlich einfacher ist es, mit
Steckzwiebeln zu arbeiten. Das sind Minizwiebeln, die
man im Herbst oder Frühjahr einfach in die Erde pflanzt.

Volle Sonne

Leichte Böden

Sie brauchen

Steckzwiebeln

Grabgabel

Rechen

Bambusstäbe

Schnur

Gießkanne

Hacke, Flüssigvolldünger

Pflanzenschildchen

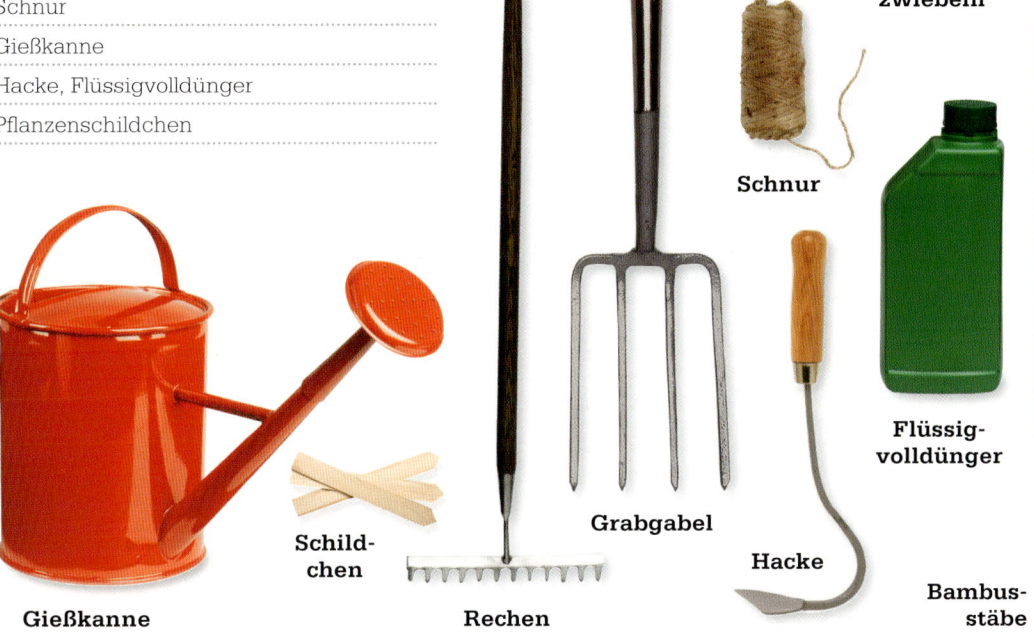

Steck-zwiebeln

Schnur

Flüssig-volldünger

Grabgabel

Hacke

Bambus-stäbe

Schild-chen

Gießkanne

Rechen

Zwiebeln: *nach 20–24 Wochen erntereif*

Einpflanzen: *im Herbst oder der ersten Frühjahrshälfte*

Jäten: *um die Jungpflanzen herum sorgfältig jäten*

Ernten: *vom Frühsommer bis zum Spätherbst*

1 In einem sonnigen Beet alle 30 cm Rillen mit einer Schnur markieren (siehe S. 72). Mit der Hacke eine Rille in den Boden ziehen und Steckzwiebeln in 8–10 cm Abstand so hineindrücken, dass die Spitze noch herausragt.

Aufgepasst! Pflanzen Sie keine Zwiebeln in Böden, in die kurz zuvor Stallmist eingearbeitet wurde. Sie können sonst faulen.

Beim Jäten dürfen die empfindlichen Jungpflanzen nicht verletzt werden.

2 Sobald die Zwiebeln austreiben, Beet immer unkrautfrei halten: Unkraut konkurriert mit Nutzpflanzen um Nährstoffe, Wasser und Licht. Von Hand jäten, um die Jungpflanzen nicht zu verletzen. Volldünger verabreichen.

Tipp Sind die Zwiebelpflanzen größer, kann man auf eine Zwiebelhacke umsteigen. Damit geht das Jäten schneller.

3 Zwiebeln während des Wachstums regelmäßig wässern, falls es länger nicht regnet, ggf. auch täglich. Allerdings nicht übergießen – das Wasser darf auf der Erde keine Pfützen bilden, sondern muss gut ablaufen, denn Zwiebeln faulen leicht.

Aufgepasst! Vögel können Jungpflanzen auszupfen. Als Schutz kann man ein Netz spannen (siehe S. 128–129).

Verwenden Sie zum Wässern eine Gießkanne mit Brausemundstück, um das Wasser sanft zu verteilen.

Zwiebeln erntet man bei trockener Witterung, um Fäulnis zu vermeiden.

4 Die meisten Zwiebelsorten werden im Spätsommer geerntet, sobald das Laub welkt und gelb wird. Nach der Ernte die Zwiebeln einige Tage in der Sonne trocknen – ideal ist ein Gitterrost.

Tipp Zwiebeln lassen sich drinnen an einem kühlen, trockenen Platz lagern, etwa in einer Garage. Man kann die Stiele so zusammenflechten, dass sie einen Zopf bilden, und ihn aufhängen.

Pflege der **Zwiebeln**

Zwiebeln gehören zu den unkompliziertesten Gemüsesorten im Küchengarten. Selbst bei minimaler Pflege lassen sich in kürzester Zeit große Mengen ernten.

Vor dem Lagern Erdreste entfernen.

Zwiebeln vor dem Einlagern gut trocknen lassen.

Darauf sollten Sie achten

Fäule Staunasse Böden lassen Zwiebeln faulen, doch kann die Fäulnis auch von der Zwiebelfliege verursacht werden. Dieser Schädling frisst einen Gang in den Zwiebelboden. Dadurch fault die Zwiebel, sodass der oberirdische Wuchs schließlich umfällt. Befallene Zwiebeln müssen ausgegraben und vernichtet werden. Durch Abdecken junger Pflanzen kann man die Eiablage verhindern.

Trockene Schale Wenn die Zwiebelschalen papierartig trocken werden, weiß man, dass die Knollen trocken genug sind und eingelagert werden können. Vorher muss man sie aber noch gründlich säubern, damit sie möglichst lange halten.

Knoblauch

Das herrlich vielseitige Gemüse lässt sich leicht kultivieren. Es bietet sich für alle an, die wenig Platz haben, denn es gedeiht in Töpfen und Fensterkästen. Man drückt einfach einige Zehen in die Erde und sieht beim Wachsen zu.

**Volle
Sonne**

**Leichte
Böden**

Sie brauchen

Knoblauchzehen,
  garantiert frei von Krankheiten

Grabgabel

Rechen

Bambusstäbe

Schnur

Pflanzholz

Gießkanne

Flüssigvolldünger

Handschaufel

Schnur

**Flüssig-
volldünger**

**Bambus-
stäbe**

Knoblauchzehen

Grabgabel

Gießkanne

Rechen

**Pflanz-
holz**

**Hand-
schaufel**

Knoblauch: *nach 20–36 Wochen erntereif*

Einpflanzen: *Zehen im
Herbst oder Frühjahr in
die Erde stecken*

Jäten und Wässern:
*den Sommer über gut
jäten und gießen*

Ernten: *vom Sommer
bis in die Herbstmitte*

1 Knoblauch aus dem Fachhandel kaufen. Keine Supermarktware verwenden – deren Zehen treiben zwar aus, doch kann die Sorte aus wärmeren Klimazonen stammen und für das mitteleuropäische Klima ungeeignet sein.

Tipp Knoblauch wird am besten im September–Oktober oder Februar–März gepflanzt. Im Herbst gepflanzter Knoblauch liefert jedoch eine reichere Ernte.

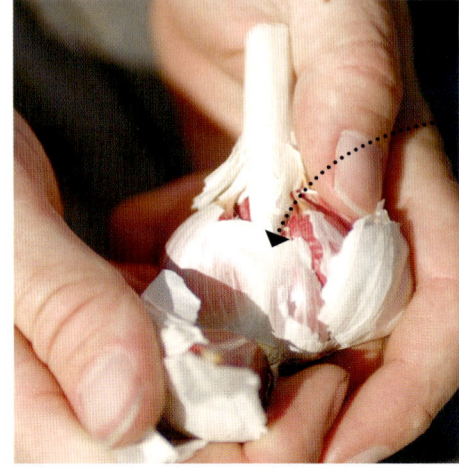

.... *Die Zehen werden zum Einpflanzen aus Zwiebeln herausgebrochen. Schaft wegwerfen.*

Bohren Sie mit dem Pflanzholz ein Loch. ....

2 Boden vor dem Bepflanzen nicht mit Stallmist düngen, da er die Zwiebeln faulen lässt, sondern einen Volldünger einarbeiten. Die Zehen an einen sonnigen Platz pflanzen. Mit dem spitzen Ende nach oben so in die Erde drücken, dass sie noch einige Millimeter aus dem Boden herausragen. 10 cm Abstand zwischen den Zehen halten, Reihenabstand 25 cm. Nach dem Pflanzen gut wässern.

3 Nach dem Austreiben das Beet gut jäten, damit der flach wurzelnde Knoblauch nicht unter der Konkurrenz leidet. Unkraut kann den Ertrag und die Zwiebelgröße drastisch senken.

Aufgepasst! Bei Trockenheit sollte im Sommer gewässert werden, zu viel Nässe ist aber nicht ratsam. Sie lässt die Zwiebeln stark anschwellen und faulen.

4 Die Zwiebeln sind erntereif, wenn das Laub gelb wird und umfällt. Zwiebeln behutsam aus dem Boden holen, ohne sie zu verletzen. Einige Tage lang in der Sonne trocknen lassen, dann drinnen an einem kühlen, trockenen Platz einlagern.

Die Zwiebeln werden mit einer Handschaufel vorsichtig aus der Erde gehoben. .....

Pflege von **Knoblauch**

Knoblauch lässt sich unkompliziert ziehen, denn er muss nicht ausgesät werden. Man drückt einfach Zehen in die Erde und lässt sie wachsen. Zu viel Nässe schadet ihnen.

Darauf sollten Sie achten

Diebe Manchmal müssen Knoblauch-kulturen vor Dieben geschützt werden: Vögel ziehen sie gern aus dem Boden. Mit einem Netz hält man die hungigen Schnäbel auf Distanz (siehe S. 128–129).

Orangerote Pusteln Knoblauch ist anfällig für den Lauchrost, der orange, sporengefüllte Pusteln auf dem Laub verursacht. Eine Bekämpfungsmaßnahme gibt es nicht, befallene Pflanzen müssen ausgegraben und vernichtet werden. Knoblauch sollte deshalb nicht mehrere Jahre an ein und derselben Stelle ange-baut werden (siehe S. 134–135).

Knoblauch kann nach der Ernte zu einem Zopf geflochten oder in einem Netz bzw. alten Feinstrumpfhosen gelagert werden.

Wird Knoblauch an einem kühlen, trockenen Ort aufbewahrt, hält er monatelang.

Zöpfe wie diese sollten nur in die Küche gehängt werden, wenn man die Zwiebeln rasch verbraucht. .....

Erdbeerampel

An einer Blumenampel, die vor roten Erdbeeren überquillt,
kann man sich kaum sattsehen. Wer den ganzen Sommer
selbst gezogene Erdbeeren mit Sahne genießen will, legt
sich einen Korb mit diesen delikaten Früchten zu.

Volle Sonne

Leichte Böden

Sie brauchen

Blumenampel, mit Folie ausgeschlagen

Universalerde

Langzeitdünger

Handschaufel

3 Erdbeerpflänzchen

Gießkanne

Wandhalterung

Bohrmaschine und Schrauben

Universalerde

Blumenampel

Schrauben

Bohr-maschine

Gießkanne

Wand-halterung

Hand-schaufel

Erdbeerpflänzchen

Langzeit-dünger

Erdbeeren: *nach 4–6 Wochen erntereif*

Einpflanzen: *ab April, sobald keine Frostgefahr mehr besteht*

Wässern: *den Sommer über während des Wachstums*

Ernten: *je nach Sorte von Juni bis Oktober*

Mit einer Schere mehrere Abzugs- löcher in die Seiten und den Boden der Folie schneiden.

1 Große Blumenampel auswäh- len (hier ein mit Folie aus- geschlagener Hängekorb). Mit Abzugslöchern versehen, falls keine vorhanden sind, damit das Wasser ablaufen kann und die Erdbeeren nicht faulen.

Aufgepasst! Der Korb muss an einer tragfähigen Stütze wie einem Pfosten oder einer Wand befestigt werden. Denn gefüllt und bepflanzt ist er recht schwer.

2 Gefäß mit guter Universalerde füllen. Einen Langzeitdünger daruntermischen, damit die Pflanzen während des Wachstums immer gut mit Nährstoffen ver- sorgt sind.

Tipp Falls die Blumenampel einen runden Boden hat, kann man sie in einen großen Pflanztopf stellen, damit sie während des Befüllens einen festen Stand hat.

Mischen Sie Lang- zeitdünger in die Erde.

Die Gefäße werden zu zwei Dritteln mit Erde gefüllt, damit die Ballen der Pflanzen noch Platz haben.

3 Drei Erdbeerpflanzen so hineinsetzen, dass sich ihr Ansatz, an dem die Triebe ent- springen, über der Oberfläche des Substrats befindet. Mit den Fingern leicht andrücken.

Tipp Kaufen Sie am besten eine frühe, eine mittelfrühe und eine späte Sorte. So können Sie über einen längeren Zeitraum Früchte ernten.

Im ersten Jahr wird etwa die Hälfte der Blüten abgezwickt, um der Pflanze das Einwachsen zu erleichtern.

Aus der gelben Blütenmitte entwickeln sich die Früchte.

4 Erdbeerpflanzen tragen mehrere Jahre lang Früchte. Dazu im ersten Jahr den Ertrag durch Abzwicken einiger Blüten etwas verringern. Blüten am Stielansatz von der Pflanze trennen, den Rest der Staude dabei aber nicht verletzen.

Tipp Manche Erdbeeren tragen rosa Blüten. Sie bringen Abwechslung in das Arrangement.

5 Pflanzen nach dem Einsetzen gründlich wässern, dann an einen sonnigen, geschützten Platz hängen. Während der Wachstumsphase täglich gießen.

Aufgepasst! Falls die Blätter einmal gelb werden, verabreicht man einen Tomatendünger.

Pflege von **Erdbeeren**

Erdbeeren sind das ideale Obst für Einsteiger. Wenn man sie gut düngt, wässert und Vögel von ihnen fernhält, hat man an ihnen viel Freude.

Die Beeren sind länger haltbar, wenn man sie mit einem 2 cm langen Stiel pflückt.

Erdbeeren werden geerntet, sobald sie hellrot sind. Das regt die Pflanzen zur Bildung immer neuer Früchte an.

Darauf sollten Sie achten

Trockenes Substrat Im Sommer müssen die Erdbeeren regelmäßig gewässert werden; die Erde darf nicht austrocknen. Außerdem hält man sie mit einer wöchentlichen Dosis Flüssigdünger bei Kräften.

Beerendiebe Wenn die Früchte reif werden, rufen Sie allerlei Mitesser wie Vögel auf den Plan. Legen Sie ein Netz über die Blumenampel, um Vögel fernzuhalten.

Sonne Versuchen Sie die Erdbeerampel alle paar Tage zu drehen, damit die Sonne jede Seite bescheint. So erreicht man ein gleichmäßiges Reifen der Beeren.

Altes Laub Damit die Pflanzen auch im nächsten Jahr noch gut Früchte tragen, schneidet man altes Laub nach dem Abernten der Beeren ab und lässt nur frische, junge Blätter an der Pflanze stehen.

Ebenfalls empfehlenswert ▶ ▶ ▶

Die Kultur von **Hängetomaten**

Volle Sonne

Leichte Böden

Sie brauchen

3 Hängetomatenpflanzen

Blumenampel mit gutem Wasserabzug

Universalerde

Langzeitdünger

Gießkanne

HÄNGETOMATEN

Hänge- bzw. Ampeltomaten sind eine herrlich würzige Alternative zu süßen Erdbeeren und genauso leicht zu kultivieren wie diese. In Ampeln sind sie vor Schnecken sicher und können zudem leicht abgeerntet werden. Positionieren Sie das Gefäß möglichst in Küchennähe, um die Früchte griffbereit zu haben.

EINPFLANZEN

Die Blumenampel wird zur Hälfte mit gutem Substrat gefüllt, in das man Langzeitdünger in der empfohlenen Menge eingearbeitet hat. Dann pflanzt man drei Hängetomaten in Randnähe, füllt das Gefäß mit Erde auf, drückt sie gut fest und wässert gründlich – fertig!

Gutes Wässern und Düngen mit einem speziellen Tomatendünger ist wichtig. Die Pflanzen beginnen im Lauf der Zeit elegant über die Ränder zu wachsen. Abgezupft werden können die Früchte, sobald sie reif sind, was je nach Sorte schon nach wenigen Monaten der Fall ist. Tomatenpflanzen wachsen einjährig und werden im Herbst entsorgt bzw. kompostiert.

REIFUNG

Um den Reifeprozess zu beschleunigen, kann man Bananenschalen auf das Substrat in der Ampel legen. Sie geben einen chemischen Stoff ab, der die Tomaten schneller reifen lässt.

Ernten Sie die letzten Tomaten rechtzeitig vor dem ersten Frost. Wenn sie noch grün sind, ist das nicht schlimm, denn man kann sie auf einem Fensterbrett in der Wohnung weiterreifen lassen oder grünes Tomaten-Chutney aus ihnen zubereiten.

PROBLEME

Probleme kann die Tomatenfäule bereiten, ein Pilz, der sich in der Pflanze ausbreitet und sie zum Absterben bringt. Braunes Laub wird sofort abgezwickt und entsorgt.

Grundlagen der **Pflanzenpflege**

Pflanzen brauchen regelmäßige Pflege. Sie müssen gewässert, gedüngt
und vor Schädlingen bzw. Krankheiten geschützt werden. Sämlinge
sollten nicht von Unkraut bedrängt werden. Wer sich gut um seine
Pflanzen kümmert, wird mit reicher Ernte belohnt.

Schädlinge und Krankheiten

Suchen Sie Pflanzen auf befallene Stellen
ab und entfernen Sie erkrankte Teile. Sind
Anzeichen eines Befalls von Schädlingen zu
erkennen, schneidet man die befallenen Teile
ab, bevor es zu einer Ausbreitung kommt.
Es gibt zwar widerstandsfähige Sorten, aber
gesunde, gut genährte Pflanzen sind weniger
anfällig für Schädlinge und Krankheiten.

Regelmäßig wässern

Wässern Sie Ihre Pflanzen gut, damit sie
kräftig und gesund bleiben und mehr Wider-
standskraft gegen Krankheiten haben. Unter
warmen Bedingungen, etwa im Gewächshaus oder auf der Fensterbank, sollten Sämlinge mindestens einmal täglich gegossen
werden. Topfpflanzen müssen häufiger
gewässert werden als Freilandgewächse.

Schutz vor **Schnecken**

Die lautlosen, schleimigen Angreifer können verheerende Schäden anrichten. Sie machen sich über fast jedes grüne Blatt her und fressen sich hemmungslos durch das Gemüsebeet, vor allem nachts und bei feuchter Witterung. Doch es gibt Mittel und Wege, sie zu stoppen.

Prüfen Sie regelmäßig, ob die Blätter Fraßspuren zeigen.

Kies und Sand rund um die Pflanzen hält Schnecken fern.

Sand und Kies um Pflanzen streuen

Bierfallen ziehen Schnecken an. Sie fallen hinein und sind gefangen.

Kragen schützen Pflanzen ebenfalls vor Schnecken.

Kragen um Pflanzen legen

Abwehrmaßnahmen

Eine Kies- oder Sandschicht um Sämlinge hält Schnecken fern, da sie nicht gern über die Fläche aus scharfen Steinchen kriechen. Auch Schneckenkragen sind wirkungsvoll. Biergefüllte Gläser, in der Erde versenkt, werden für Schnecken zur Falle. Ein um den Topfrand gewickeltes Kupferband versetzt ihnen einen leichten Stromstoß, wenn sie darüberkriechen. Es gibt auch ein im Bio-Anbau zugelassenes Schneckenkorn-Präparat.

Pflanzen **düngen**

Pflanzen bleiben gesund und tragen gut, wenn sie regelmäßig gedüngt werden. Im Handel ist eine Vielzahl von Präparaten erhältlich, die man den Pflanzen während entscheidender Wachstumsphasen verabreichen muss. Genauso wichtig aber ist es, immer wieder gut verrotteten Stallmist bzw. Dung oder Humus in den Boden einzuarbeiten.

Halten Sie sich bei der Dosierung an die Empfehlungen der Hersteller auf der Verpackung.

Tipp Arbeiten Sie beim Bepflanzen von Gefäßen Dünger in das Substrat ein. Ist der Wurzelraum begrenzt, sind Pflanzen komplett von externer Nährstoffzufuhr abhängig. Obst und Gemüse liefern sie nur bei ausreichender Versorgung.

Düngung

Um eine reiche Ernte zu bekommen, müssen Pflanzen mit einem ausgewogenen Volldünger aus Stickstoff, Phosphor und Kalium (siehe S. 24–25) versorgt werden. Ein hoher Kaliumanteil erhöht die Zahl von Früchten und ist besonders bei hungrigen Nutzpflanzen wie Tomaten, Paprika und Kohlsorten wichtig. Langzeitdünger kostet zwar mehr, gibt seine Nährstoffe aber nach und nach im Jahreslauf frei, wenn die Pflanzen sie brauchen.

Flächen **jäten**

Lassen Sie Unkräutern keine Chance, sonst nehmen sie Ihren Pflanzen Licht, Wasser und Nährstoffe weg und verdrängen sie. Gejätet wird vor der Bepflanzung oder Aussaat, denn Unkraut ist wüchsig und schickt seine Wurzeln manchmal tief in die Erde, sodass man später kaum noch eine Chance hat, es zu entfernen, wenn die Nutzpflanzen erst einmal an ihrem Platz sind.

Wurzeln mehrjähriger Unkräuter dürfen nicht im Boden bleiben, da sie wieder austreiben.

Größere Unkräuter hebt man mit einer Grabgabel heraus, denn ein Spaten durchtrennt die Wurzeln, die daraufhin frisch austreiben.

Kleine Unkräuter konkurrieren mit Sämlingen um Nährstoffe.

Ziehen Sie Unkräuter, die ganz nah an Sämlingen wachsen, von Hand heraus, um die Nutzpflanze nicht zu verletzen.

Auch kleinere Unkräuter im Freilandbeet oder Gefäß werden am besten von Hand entfernt.

Jäten

Selbst wenn man Flächen vor dem Bepflanzen schon gejätet hat (siehe S. 15), muss man auch später noch öfter zur Tat schreiten. Wichtig ist, dass einjährige Unkräuter wie Greiskraut keine Samen ansetzen und ihre mehrjährigen Genossen, etwa Löwenzahn, sich nicht festsetzen können. Zwischen den Reihen kann mit Hacken oder Rechen gejätet werden, kleinere Sämlingskulturen befreit man aber am besten mit der Hand von der Konkurrenz.

2

Erste Erfolge

In Teil 2 erfahren Sie, wie Sie auf dem bisher Gelernten aufbauen. Damit erweitert sich Ihr Repertoire an Obst- und Gemüsepflanzen, die Sie selbst anbauen können.

Das lernen Sie in Teil 2 anzubauen

Kartoffeln
S. 78–81

Zucchini
S. 82–85

Chilis
S. 88–92

Möhren
S. 94–97

Kohl
S.100–104

Bohnen
S. 106–110

Himbeeren
S. 112–115

Äpfel
S. 116–120

Johannisbee-ren *S. 122–125*

Aussaat in Rillen **und Ausdünnen**

Saatgut, das direkt ins Freiland kommen kann, wird meist in Rillen gesät. Dazu steckt man zunächst Stäbe dorthin, wo die Rille beginnen und enden soll, und spannt einen Bindfaden zwischen beide Stäbe. Dann zieht man mit der Hacke eine flache Rille entlang der Schnur.

Aussaat

Ausdünnen

Pflege der Aussaat

Wässern Sie die Rille und streuen Sie das Saatgut wie auf dem Samenpäckchen empfohlen hinein. Anschließend werden die Körnchen mit Erde bedeckt und gut gewässert. Sobald sie keimen und ihre ersten echten Blätter austreiben, dünnt man sie von Hand aus und lässt nur die kräftigsten Sämlinge stehen, um Wasser-, Licht- und Nährstoffkonkurrenz zu vermeiden. Wie groß die Abstände sein sollen, ist von Art zu Art verschieden.

Umtopfen

Wenn Pflanzen drinnen ausgesät wurden und allmählich zu groß für ihren Topf werden, aber nicht nach draußen umgesiedelt werden können, weil es dort noch zu kalt ist, muss man sie umtopfen. Im neuen, größeren Pflanzgefäß haben sie mehr Platz und können weiterwachsen. Verwenden Sie für Aussaaten geeignete Topferde.

Drücken Sie den Topf leicht zusammen, um die Erde zu lockern und das Pflänzchen herauszuziehen.

Ein Blick auf den Wurzelballen zeigt, ob die Wurzeln noch genug Platz haben oder bereits zu dicht wachsen.

Sämlinge umtopfen

Halten Sie den Sämling nicht am Trieb, sondern nur an den Blättern fest.

Mit einem Stift oder Pflanzholz hebt man die Wurzeln des Sämlings aus der Erde.

Sämlinge trennen

Teilen und Umtopfen

Sämlinge sollten umgetopft werden, wenn ihre Wurzeln den Topf ausfüllen und zwischen den ersten Blättern bereits neue austreiben. Dazu füllt man einen neuen, größeren Topf mit frischem Substrat und wässert ihn gut. Dann holt man den Sämling behutsam aus dem alten Topf und pflanzt ihn in den neuen. Auch Sämlinge in Saatschalen müssen vereinzelt werden. Sie werden vorsichtig voneinander getrennt und in Einzeltöpfe umgesiedelt.

Abhärten und **vor Frost schützen**

Manche Obst- und Gemüsepflanzen vertragen wenig Kälte und können mitunter sogar erfrieren. Daher müssen sie an die Bedingungen draußen gewöhnt und gleichzeitig vor Minustemperaturen geschützt werden. Was drinnen gezogen wurde und noch zarte Blätter hat, härtet man vor dem Auspflanzen ab, damit es Kälte und Wind standhält.

Im Freiland abhärten

Im Schutz des Hauses abhärten

Abhärten

Man bereitet seine Pflänzchen für das Dasein im Freien vor, indem man sie zwei Wochen lang tagsüber nach draußen und nachts wieder nach drinnen bringt. Eine andere Möglichkeit ist, sie dauerhaft in ein Frühbeet oder unter ein Vordach am Haus zu stellen, sofern keine Fröste vorhergesagt sind. Dort können sie sich langsam akklimatisieren. Danach sind sie bereit zum Auspflanzen, brauchen je nach Witterung aber trotzdem noch Schutz.

Selbst gemachte Abdeckungen

Ausgepflanztes braucht manchmal noch Schutz vor den Unbilden der Witterung, vor allem wenn Fröste drohen. Abdeckungen fungieren als eine Art Minigewächshaus und bewahren Gemüse vor der größten Kälte, gleichzeitig halten sie Schädlinge fern. Die simpelsten Abdeckungen sind große Plastikflaschen, deren Boden man abgeschnitten hat.

Abdeckungen kaufen

Ins Freiland gesäte Samen müssen vor Kälte geschützt werden. Gekaufte Glas- oder Folienabdeckungen leisten dabei gute Dienste. Größere Konstruktionen (Bild) können außerdem genutzt werden, um den Boden zu erwärmen, damit die Aussaaten optimale Bedingungen vorfinden. Stellen Sie einfach die Abdeckungen einige Wochen vor dem Aussäen auf.

Frühbeete

Ganz gleich, ob man sie fertig kauft oder selbst baut: Frühbeete sehen gut aus und bieten Gemüse in Töpfen Schutz. Die niedrigen Kästen haben einen durchsichtigen Deckel aus Glas oder Kunststoff. In ihnen sind Pflänzchen vor Kälte sicher und bekommen trotzdem viel Licht, was für ihre Entwicklung von entscheidender Bedeutung ist.

Mulchen

Beim Mulchen wird der Boden rund um die Pflanzen mit einer dicken Schicht Stallmist, Kompost oder Rindenschnipsel bedeckt. Sie unterdrückt Unkraut, verringert den Verlust von Bodenfeuchte und verbessert die Qualität der Erde. Stroh schützt Erdbeeren vor dem Boden und sorgt für gute Durchlüftung.

Stroh

Rindenmulch

Kompost

Gut verrotteter Stallmist

Mulchen

Freilandpflanzen sollten im Frühjahr nach dem Pflanzen und Wässern gemulcht werden. Abbaubare Materialien wie Kompost, Stallmist oder Laubhumus zersetzen sich, geben Nährstoffe in den Boden ab und helfen Feuchtigkeit speichern. Kompost sollte allerdings nicht mit dem Laub in Berührung kommen, da er es schädigt. Zum Einsatz kommen oft auch nicht abbaubare Materialien wie Kies und Schotter. Sie sind ein dekoratives Gestaltungselement.

Stützen

Das Stützen mit Bambusstäben, Holzstöcken oder Ähnlichem verhindert, dass Obst- und Gemüsepflanzen umfallen. Kopflastige Arten wie Kohl und schwer mit Früchten behängte Exemplare wie Paprika oder Tomaten können schweren Schaden nehmen, wenn sie umkippen.

Sorgfältige Positionierung

Anbinden an die Stütze

Halt geben

Stecken Sie einen Bambusstab oder einen Holzpflock neben dem Haupttrieb einer Pflanze in die Erde, ohne die Wurzeln zu verletzen. Die Stütze muss fest und senkrecht stehen. Dann wickelt man eine Schnur in Achterform um den Trieb und die Stütze (siehe S. 34). Behalten Sie die Pflanze im Auge und binden Sie sie mit zunehmendem Wachstum immer weiter an. Manche Pflanzen, etwa Stangenbohnen, brauchen fast von Anfang an eine Stütze.

Kartoffeln im Kübel

Kartoffeln sind ein Standardgemüse, auf das viele Einsteiger unter den Nutzgärtnern nicht verzichten möchten. Wer wenig Platz hat, kann sie in größeren Gefäßen ziehen und so auch ohne große Flächen eine reiche Ernte einfahren.

Volle Sonne

Feuchte Böden

Sie brauchen

Saatkartoffeln

Eierkarton

Hohes Gefäß,
z. B. einen Kübel mit Abzugslöchern

Tonscherben

Universalerde

Handschaufel

Gießkanne

Tonscherben

Universalerde

Saatkartoffeln

Handschaufel

Gießkanne

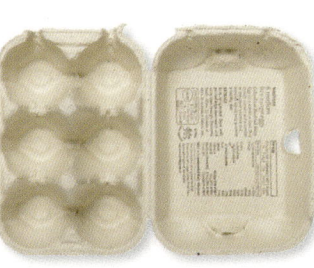
Eierkarton

Hohes Gefäß

Kartoffeln: *nach 12–22 Wochen erntereif*

● **Vorkeimen:** *im März oder April an einem kühlen Ort*

● **Auspflanzen:** *je nach Sorte von Früh-jahr bis Sommer*

● **Anhäufeln:** *während des Wachstums*

● **Ernte:** *im Sommer und Herbst*

1 Die meisten Kartoffeln profitieren vom Vorkeimen im zeitigen Frühjahr noch vor dem Einpflanzen. Dazu die Knollen mit dem Ende, an dem die meisten Augen bzw. Triebe zu erkennen sind, nach oben in einen Eierkarton legen und auf ein Fensterbrett stellen, wo sie austreiben können.

Tipp Sobald die Triebe rund 2 cm lang sind, können die Kartoffeln ausgepflanzt werden.

Das Vorkeimen sorgt dafür, dass die Kartoffeln nach dem Einpflanzen besonders schnell wachsen.

2 Ein großes Gefäß mit Abzugslöchern nehmen (falls es keine Abzugslöcher hat, müssen sie gebohrt werden). Gefäß zu einem Drittel mit Universalerde füllen. Fünf Kartoffeln darauf verteilen und mit Erde bedecken, sodass das Gefäß zu zwei Dritteln gefüllt ist.

Tipp Auch Lagerkartoffeln können in Gefäßen gezogen werden, doch setzt man nicht fünf, sondern nur zwei bis drei ins Gefäß.

3 Gefäß an einen sonnigen, geschützten Platz stellen. Die Kartoffeln anhäufeln, wenn sie höher wachsen. Dazu die Pflanzen so in Erde packen, dass nur noch die obersten Blätter herausschauen. Angehäufelt wird, bis der Trieb den Gefäßrand erreicht.

Warum? Anhäufeln verhindert, dass Licht Kartoffeln ungenießbar macht, und erhöht den Ertrag.

Die Knollen dürfen erst dem Sonnenlicht ausgesetzt werden, wenn man sie erntet.

4 Kartoffeln während des Wachstums gut wässern und die Erde nicht austrocknen lassen. Sie werden nach der Blüte erntereif – ggf. eine Knolle ausgraben und nachsehen, ob sie schon groß genug ist. Zum Ernten Gefäß ausleeren und Kartoffeln herausholen.

Tipp Ernten Sie an einem trockenen Tag und lassen Sie die Kartoffeln einige Stunden in der Sonne liegen.

Pflege von **Kartoffeln**

In Gefäßen sind Kartoffeln wesentlich besser vor Schädlingen und Krankheiten geschützt als im Freiland. Wichtig ist nur, dass sie nie Tageslicht sehen!

Darauf sollten Sie achten

Welke Blüten Sobald die Blüten welken, ist es an der Zeit zu ernten. Frühkartoffeln werden am besten bald verbraucht, doch Lager- und Salatkartoffeln können auch längere Zeit an einem kühlen, dunklen Ort eingelagert werden. Mehr dazu auf S. 185.

Grüne Knollen Bekommen Kartoffeln Sonnenlicht ab, werden sie grün und sind nicht mehr für den Verzehr geeignet. Durch ein großzügiges Anhäufeln verhindert man, dass sie ungenießbar werden.

Fleckiges, fauliges Laub Die Kartoffelfäule wird von einem Pilz verursacht, der die Blätter der Pflanze faulen lässt und später auch auf die Knollen übergreift. Entfernen und vernichten Sie befallene Teile und pflanzen Sie künftig widerstandsfähige Sorten.

Beim Ernten mit der Grabgabel dürfen die Knollen nicht verletzt werden.

Zucchini aus dem Sack

Zucchini sind unkomplizierte Pflanzen, sofern ihnen die Bedingungen – viel Sonne, Wasser und Erde – behagen. Gibt man ihnen, was sie wollen, kann man den ganzen Sommer lang ernten. Wenn der Platz knapp ist, ist eine Kultur im Pflanzsack ideal.

Volle Sonne

 **Feuchte Böden**

Sie brauchen

Zucchinisamen

Kleine Plastiktöpfe

Universalerde

Pflanzholz

Pflanzsack

Tonscherben

Handschaufel

Handschuhe

Gießkanne

Flüssigdünger

Kleine Plastiktöpfe

Universalerde

Handschaufel

Tonscherben

Pflanz-holz

Handschuhe

Gießkanne

Flüssigdünger

Zucchinisamen

Pflanzsack

Zucchini: *nach 14 Wochen erntereif*

Aussaat: *im April unter Glas*

Abhärten: *im späten Frühjahr oder Frühsommer*

Wässern: *den ganzen Sommer hindurch*

Ernte: *vom Hochsommer bis zur Herbstmitte*

1 Zucchini im April oder Mai aussäen. Dazu kleine Plastiktöpfe mit Universalerde füllen. Mit dem Pflanzholz ein Loch hineinstechen und pro Topf einen Samen 2–3 cm tief setzen. Zum Austreiben auf eine sonnige Fensterbank stellen.

Tipp Geben Sie den Samen seitlich liegend ins Loch, damit er nicht fault. So kann Wasser ablaufen, statt sich auf ihm zu sammeln.

Der Trieb darf nicht verletzt und geknickt werden.

2 Die Pflänzchen abhärten, sobald die Frostgefahr ab Mitte Mai vorüber ist (siehe S. 74). Löcher in den Boden des Pflanzsacks schneiden, Sack an einen sonnigen, geschützten Platz stellen und bis 10 cm unter den Rand mit Qualitätserde füllen. Zucchini gut wässern und vorsichtig aus dem Topf holen. Dabei die Wurzeln nicht verletzen.

3 Ein kleines Loch in die Erde im Pflanzsack graben und die Zucchinipflanze so hineinsetzen, dass die Oberseite des Ballens eben mit der Oberfläche des Substrats abschließt. Erde mit den Fingern andrücken.

Tipp Zucchini sind hungrige Pflanzen. Wer gut verrotteten Stallmist in das Substrat einarbeitet, gibt ihnen einen zusätzlichen Energieschub.

Beim Umgang mit Substrat, Stalldung und Düngemitteln sollten Handschuhe getragen werden.

4 Pflanzen gut angießen. Zucchini haben einen hohen Nährstoffbedarf und müssen alle paar Wochen gedüngt werden.

Aufgepasst! Sobald die Zucchini erntereif sind, sollte man die Früchte regelmäßig abschneiden und nicht zu groß werden lassen, weil die Pflanze sonst aufhört, weitere Früchte anzusetzen.

In der größten Tageshitze sollte nicht gewässert werden, da die Blätter dadurch versengt werden können.

Pflege der **Zucchini**

Zucchini tragen reichlich, sind kaum anfällig für Krankheiten Schädlinge und unglaublich vielseitig. Man kann sie in Säcken, im Freiland und auf Komposthaufen kultivieren.

Die Säcke sollten regelmäßig gedreht werden, damit die Zucchini von jeder Seite Sonne bekommen.

Zucchini sind einjährige Pflanzen und werden nach dem Abernten kompostiert.

Darauf sollten Sie achten

Farbenfrohe Blüten Zucchiniblüten schmecken gebraten köstlich. Man zupft sie ab, solange die Pflanze wächst, lässt aber einige stehen, da man sonst keine Früchte bekommt. Die Blüten lassen sich mehrere Tage im Kühlschrank aufbewahren.

Grauer Belag auf dem Laub Zucchini fangen sich nur selten Krankheiten ein, können in zu trockener Erde aber von Mehltau befallen werden. Er äußert sich in einem grauen Überzug auf den Blättern. Schneiden Sie infizierte Blätter ab und wässern Sie gut. Wachsen Zucchini in Säcken, trocknen sie schneller aus als im Freiland.

Ebenfalls empfehlenswert ▶ ▶ ▶

Halloween-Kürbisse und Riesen-Zucchini

Volle Sonne

Feuchte Böden

Sie brauchen

Kürbis- oder Zucchini-Samen

10-cm-Kunststofftöpfe

Spaten

Gut verrotteten Stallmist oder Kompost

Handschaufel

Gießkanne

Das große Gemüse braucht Zeit und wird erst spät in der Saison reif – gerade rechtzeitig für herbstliche und winterliche Gerichte.

BEDINGUNGEN

Beide Gemüse brauchen volle Sonne und einen nährstoffreichen Boden. Die Halloween-Kürbisse können an Mauern oder Zäunen gezogen werden, Riesen-Zucchini in Gefäßen und Pflanzsäcken.

AUSSAAT

Im Topf setzt man die Einzelsamen seitlich, nicht aufrecht in das Substrat, damit es nicht fault, und deckt es mit Erde ab. Sobald keine Fröste mehr zu erwarten sind, werden die Sämlinge mit 1,5 m Abstand bei Halloween-Kürbissen und 1 m bei Riesen-Zucchini ausgepflanzt. Gut wässern.

Um einen Riesenkürbis zu bekommen, wählt man eine große Sorte, entfernt alle Blüten bis auf eine und düngt gut. Riesen-Zucchini sind herkömmliche Zucchini, die man möglichst lange reifen lässt.

ERNTE

Halloween-Kürbisse und Riesen-Zucchini sollten möglichst lange an der Pflanze bleiben, damit die Schale hart wird. Auch nach dem Ernten lässt man sie noch eine Weile in der Sonne reifen. An einem kühlen, luftigen Ort halten sie bis zu sechs Monate.

Halloween-Kürbis

Riesen-Zucchini

Winter- und Sommerkürbisse

Volle Sonne

Feuchte Böden

Sie brauchen

Samen von Winter- und Sommerkürbissen

Spaten oder Handschaufel

Gut verrotteten Stallmist oder Kompost

Gießkanne

Abdeckung

Sowohl Winter- als auch Sommerkürbisse gibt es in den verschiedensten Farben, Formen und Größen. Sie bringen Leben in jeden Gemüsegarten.

AUSSAAT

Winterkürbisse werden im Frühsommer direkt in nährstoffreiche Böden gesät. Man sät jeweils zwei Samen 3 cm tief mit 1 m Abstand und stülpt eine halbierte Plastikflasche darüber. Gut wässern.

Sommerkürbisse kann man ebenfalls im Frühsommer direkt ins Freiland säen. Abstand zueinander: 45 cm. Weil sie sehr durstig sind, muss viel gewässert werden.

KULTUR

Kürbisse können an Rankgittern und Stäben hochgezogen werden. Winterkürbisse lässt man kriechend zwischen höheren Gewächsen wie Mais wachsen. Sie sind natürliche Unkrautunterdrücker.

ERNTE

Sommerkürbisse sind ab dem Hochsommer erntereif. Man kann sie früh ernten, solange sie noch klein sind, oder zum Rösten bzw. Füllen größer werden lassen. Je länger man sie am Trieb lässt, desto dicker ist ihre Schale und desto haltbarer sind sie. Winterkürbisse werden im Spätherbst geerntet. Sie lassen sich an einem kühlen, gut durchlüfteten Ort einlagern.

Winterkürbis

Sommerkürbis

Chilis im Topf

Ihre Farbpalette reicht von Violett über Gelb bis Grün, ihre Schärfe von mild bis feurig. Ein oder zwei Pflanzen können eine Familie den Sommer über versorgen. Sie eignen sich vorzüglich für Gefäße und nehmen kaum Platz weg. Genug Gründe, die knackigen Früchte zu kultivieren!

Volle Sonne

Feuchte Böden

Sie brauchen

Chilisamen

Kleine und große Plastiktöpfe

Universalerde

Handschaufel

Anzuchtkasten

Bambusstäbe

Schnur

Gießkanne

Gartenschere

Handschuhe

Kalireicher Flüssigdünger

Chilisamen

Universalerde

Anzuchtkasten

Schnur

Bambus-stäbe

Gießkanne

Handschaufel

Plastiktöpfe

Flüssig-dünger

Garten-schere

Hand-schuhe

Chilis: *nach 20–26 Wochen erntereif*

Aussaat: *im März–April im Anzuchtkasten*

Auspflanzen: *im Frühsommer nach dem letzten Frost*

Wässern: *reichlich, während die Schoten heranreifen*

Ernte: *im Sommer und Herbst*

1 Chilis sind nicht winterhart und brauchen eine lange Anbausaison. Man sät sie daher im zeitigen Frühjahr drinnen aus, um sie früh auf den Weg zu bringen. Ausgesät wird einzeln in kleine Plastiktöpfe mit Universalerde. Samen mit einer dünnen Lage Erde abdecken und Töpfe 1–2 Wochen bei 20–24 °C in einen beheizten Anzuchtkasten stellen.

In jeden Topf kommt nur ein einzelnes Samenkorn.

Ziehen Sie Pflanzen behutsam aus dem Topf, ohne Wurzeln zu verletzen.

Werfen Sie einen Blick auf die Wurzeln: Sind sie gesund?

2 Chilis werden umgetopft, sobald ihre Wurzeln im Abzugsloch zu sehen sind. Dazu die kräftigsten Sämlinge auswählen – es reichen insgesamt 2–3 Pflanzen für einen Jahresbedarf – und in 9-cm-Plastiktöpfe umsiedeln.

Tipp Düngen Sie mit einem kaliumreichen Tomatendünger.

3 Sobald die Pflänzchen etwa 20 cm hoch sind, sollten sie erneut umgetopft werden, um mehr Platz zu haben. Sie müssen vor dem Umsiedeln ins Freie so kräftig und gesund wie möglich sein.

Tipp Zwicken Sie die Triebspitze ab, sobald die Pflänzchen 20 cm hoch sind. Das regt sie zu einem verzweigten Wuchs an.

Um gut zu wachsen, brauchen Chilis viel Wasser.

Aus den Blüten entwickeln sich mit der Zeit die Früchte. •••••••••

4 Chilis werden am einfachsten im Gewächshaus kultiviert. Wenn man sie aber draußen ziehen will, müssen sie abgehärtet werden. Dazu die Pflänzchen einige Wochen lang tagsüber nach draußen bringen und nachts wieder nach drinnen stellen (siehe S. 74). Nach dem Abhärten mit 40 cm Abstand in Pflanzsäcke, Gefäße oder direkt ins Freiland an einen geschützten Platz stellen.

5 Wenn die Pflanzen größer werden, brauchen sie eine Stütze. Dazu in jeden Topf einen Bambusstab neben dem Ansatz der Pflanze in den Boden drücken, ohne die Wurzeln zu beschädigen. Pflanze mit einer Schnur in Achterform (siehe S. 34) an die Stütze binden. Sobald die ersten Früchte erscheinen, wöchentlich einen kaliumreichen Flüssigdünger verabreichen.

••••• Die Stütze muss stabil stehen.

••••• Die Pflanze wird nach und nach an die Stütze gebunden.

6 Reifende Früchte sind zunächst grün und werden dann je nach Sorte rot, gelb, violett oder orange. Mit einer Gartenschere von der Pflanze schneiden.

Tipp Reife Früchte sollten sogleich geerntet werden, damit die Pflanze ihre ganze Energie in das Ausreifen der übrigen Schoten stecken kann.

Pflege der **Chilis**

Die nicht winterharten Pflanzen zwingt man zum Frühstart, weil die Saison sonst zu kurz für sie ist und sie nicht ausreifen. Sie müssen gestützt und gut gedüngt werden.

Werden die Blätter gelb, bringt man die Pflanze mit einem kalium-reichen Flüssig-dünger wieder auf Vordermann.

Die zunächst grünen Schoten werden mit zuneh-mender Reife rot oder gelb.

Stellen Sie die Pflanzen unter eine Abdeckung, wenn die Früchte bis zum Herbst noch nicht reif sind.

Darauf sollten Sie achten

Unterglaskultur Wer Chilis drinnen kultivieren will, muss sie von Hand bestäuben, da keine Insekten zu den Blüten fliegen können. Dazu bürstet man die Innenseite der Blüten mit einem kleinen Pinsel und überträgt so die Pollen. Wer sie im Gewächshaus ziehen will, muss Fenster und Türen an heißen Tagen öffnen, damit eine gute Durchlüftung gewährleistet ist. Außerdem sollte die Tür mit einem Schwamm befeuchtet werden, um für eine ausreichende Luftfeuchtigkeit zu sorgen.

Schädlinge Chilis sind zwar wenig anfällig für Krankheiten, doch gibt es einige Schädlinge, die sich über sie hermachen können. Dazu zählen zum Beispiel Blattläuse. Sie sondern eine klebrige Flüssigkeit ab, die Honigtau genannt wird und auf der sich Pilze ansiedeln. Mit einem geeigneten biologischen Präparat dezimiert man die Plagegeister.

Hohe Pflanzen mit wenigen Seitentrieben Sobald die Pflanzen etwa 20 cm hoch sind, zwickt man die Triebspitze ab. Das regt sie zur Bildung fruchtender Seitentriebe an.

Ebenfalls empfehlenswert ▶ ▶ ▶

Mais **anbauen**

Volle Sonne

Leichte Böden

Sie brauchen

Maissamen

9-cm-Plastiktöpfe

Universalerde

Handschaufel

Bambusstäbe und Schnüre

AUSSAAT

Treiben Sie Mais ab April durch Aussaat in 9-cm-Einzeltöpfe drinnen vor. Als Standort ist eine sonnige Fensterbank oder ein Gewächshaus ideal. Ist die Frostgefahr vorüber, bereitet man den Boden draußen vor und härtet die Pflanzen ab (siehe S. 74).

Pflanzen Sie Mais in Blöcken oder Gittermustern statt in Reihen. Sie werden vom Wind bestäubt, weshalb eine dichte Pflanzung in Blöcken die Befruchtungswahrscheinlichkeit und damit den Ertrag erhöht. Nach dem Auspflanzen muss während der Sommermonate gut gewässert werden, vor allem wenn sich die Kolben bilden.

STÜTZE

Stützen Sie die Halme mit Stäben, sobald sie etwas höher werden (siehe S. 77). Durch Anhäufeln der Erde um die Basis werden sie standfester.

PROBLEME

Dachse und Rotwild können einen Bestand in einer Nacht völlig vernichten. Vögel hält man mit Netzen fern.

ERNTE

Ob Mais geerntet werden kann, prüft man, indem man ein grünes Hüllblatt zurückschlägt und mit dem Daumennagel in ein Korn drückt. Läuft milchiger Saft heraus, ist der Kolben erntereif. Mais

wächst einjährig, muss also nach dem Abernten kompostiert oder entsorgt werden.

KOMBINATIONEN

Zwischen den Halmen kann man Kürbisse ziehen – sie unterdrücken Unkraut.

Möhren

Das herrlich süße, knackige Wurzelgemüse darf in keiner
Küche fehlen. Es braucht leichte, durchlässige Böden, um
gerade und makellos zu wachsen. Zudem sollte man die
Pflanzen vor der Möhrenfliege schützen. Möhren brauchen
ein hohes Gefäß, das in Küchennähe stehen sollte.

Volle Sonne

Leichte Böden

Sie brauchen

Möhrensamen

Hohes Gefäß oder Pflanzsack

Universalerde

Handschaufel

Bambusstäbe

Insektennetz

Gießkanne

Möhrensamen

Universalerde

Insek-ten-netz

Bambus-stäbe

Gießkanne

Hand-schaufel

Hohes Gefäß oder Pflanzsack

Möhren: *nach 12–20 Wochen erntereif*

Aussaat: *ab April nach dem letzten Frost*

Ausdünnen: *nach ca. 4 Wochen einige Sämlinge auszupfen*

Ernte: *den ganzen Sommer bis in den Herbst hinein*

1 Gefäß mit Abzugslöchern versehen, falls es noch keine hat, und mit Erde füllen. Einen Langzeitdünger dazumischen. Mit einem Bambusstab eine etwa 1 cm tiefe Saatrille in die Erde drücken und, sofern noch genug Platz ist, eine zweite Rille 15 cm neben der ersten.

Tipp Wer keinen Bambusstab hat, nimmt einen Stift.

Die Rille darf nicht tiefer als 1 cm sein.

2 Den Inhalt des gesamten Samenpäckchens in den Rillen verteilen. Die Erde in die Rille zurückschieben, um die Samen damit zu bedecken, dabei aber Samen nicht herausschieben. Mit einer Gießkanne mit feiner Brause vorsichtig wässern.

3 Wenn die Samen nach einigen Wochen keimen, müssen sie auf 4 cm Abstand ausgedünnt werden, damit die kräftigsten zu voller Größe heranwachsen können (siehe S. 72).

Aufgepasst! Ausgedünnt wird am besten frühmorgens oder am Abend, wenn die Möhrenfliege nicht mehr so aktiv ist (siehe Seite gegenüber). Sie wird vom Duft verletzter Blätter angelockt.

Die ausgedünnten Sämlinge können an anderer Stelle wieder gepflanzt werden.

Wählen Sie Sorten, die weniger anfällig für einen Befall durch die Möhrenfliege sind. Völlig resistente Sorten gibt es allerdings nicht.

Die Möhrenfliege kann maximal 60 cm hoch fliegen.

4 Um einen Befall durch die Möhrenfliege (siehe unten) zu verhindern, schützt man die Pflanzen mit einer 60 cm hohen Netzbarriere: Der Schädling fliegt nur bodennah und kann die Barriere nicht überqueren. Eine andere Möglichkeit besteht darin, das Gefäß entsprechend höher zu stellen.

Tipp Jäten Sie Möhrenkulturen gut, ohne die Pflänzchen zu verletzen.

Pflege von **Möhren**

Solange Möhren gut gegossen und nicht von der Möhrenfliege belästigt werden, sind sie unkomplizierte Nutzpflanzen. Schon nach 12 Wochen können sie geerntet werden.

Darauf sollten Sie achten

Möhrenfliege Der Schädling frisst Larvengänge in die Wurzeln. Dadurch werden sie unansehnlich und ungenießbar. Man verringert das Befallsrisiko, indem man nur frühmorgens oder abends ausdünnt und widerstandsfähige Sorten wie 'Flyaway' pflanzt. Intensiv duftende Nachbarn wie Zwiebeln lenken die Fliege von den Möhren ab.

Verwachsene Wurzeln Befinden sich in der Erde Steine oder harte Klumpen, können Möhren krumm wachsen. Sie bevorzugen leichte sandige Böden, in denen ihre langen Wurzeln nicht auf Widerstand stoßen.

Ungenutzter Platz Möhren sind etwa 12 Wochen nach der Aussaat erntereif. Um den verfügbaren Platz optimal zu nutzen, kann man sie im Verlauf der Saison mehrmals ansäen. So wird man konstant versorgt und muss nicht mit einer einmaligen Möhrenflut zurechtkommen.

Reife Möhren sollten etwa 4 cm Durchmesser haben.

In schweren und steinigen Böden sollte man kurze oder runde Möhrensorten pflanzen. Sie schmecken ebenso gut wie die länglichen.

Ebenfalls empfehlenswert ▶ ▶ ▶

Speiserüben und Rote Bete

Volle Sonne

Leichte Böden

Sie brauchen

Speiserüben- oder Rote-Bete-Samen

Multitöpfe

Pflanzholz

Handschaufel

Bambusstäbe und Schnur

Grabgabel und Rechen

Gießkanne

Rote Bete sind kinderleicht anzubauen und eine wohlschmeckende, farbenfrohe Salatzutat. Bei Speiserüben ist sowohl das Fleisch als auch das Laub sehr schmackhaft.

AUSSAAT

Speiserüben werden unter Glas in Multitöpfe ausgesät und nach dem letzten Frost mit 10 cm Abstand und 30 cm Reihenabstand ins Freiland umgesetzt. Sie müssen stets gut gewässert werden.

Rote Bete werden am besten direkt ins Freilandbeet gesät. Die großen Samen kommen mit 4 cm Abstand in 2–3 cm tiefe Rillen. Nach dem Austreiben dünnt man sie auf 10 cm Abstand aus. Die ausgezupften Pflänzchen kann man in Salate mischen.

ERNTE

Speiserüben sind schon nach 5–6 Wochen als Babygemüse erntereif. Wartet man rund 10 Wochen, bekommt man Gourmetrüben mit erdigem Geschmack. Die jungen Blätter lassen sich als Pflücksalat nutzen.

Rote Bete werden vorsichtig mit einer Grabgabel aus der Erde geholt, sobald sie etwa orangengroß sind, was nach 12–16 Wochen der Fall sein sollte. Man kann sie wie Möhren einlagern (siehe S. 182).

Speiserüben

Rote Bete

Pastinaken

Volle Sonne

Leichte Böden

Sie brauchen

Pastinakensamen

Hacke und Grabgabel

Bambusstäbe und Schnur

Gießkanne

Handschuhe

Pastinaken werden ähnlich angebaut wie Möhren und bilden essbare Pfahlwurzeln. Sie brauchen zwar lange, bis sie reif sind, doch lohnt sich das Warten. Sie können sogar den Winter über in der Erde bleiben. Ihre Samen sind wie die von Möhren kurzlebig, weshalb man immer einen Blick auf das Haltbarkeitsdatum auf dem Päckchen werfen sollte.

AUSSAAT

Pastinaken bevorzugen gut durchlässige Böden in voller Sonne. Man sät sie direkt ins Freiland, weil sie sich nicht gern umpflanzen lassen. Ausgesät wird ab März. Mit Bambusstäben und einer Schnur markiert man die Reihen und zieht anschließend 2 cm tiefe Saatrillen. Die Samen werden in Vierer- oder Fünfergruppen gesetzt, zwischen denen 20–30 cm Abstand bleiben sollten. Der ideale Reihenabstand ist 30 cm.

Nach dem Austrieb dünnt man die Sämlinge aus und lässt nur das kräftigste Exemplar stehen.

PROBLEME

Die Möhrenfliege kann Probleme bereiten. Man hält sie mit einem mindestens 60 cm hohen feinmaschigen Netz um die Pflanzen fern.

ERNTE UND LAGERUNG

Geerntet werden Pastinaken erst nach dem ersten Frost, denn dann sind sie süßer. Man nimmt sie vorsichtig mit einer Grabgabel auf.

Pastinaken können fast den ganzen Winter im Boden bleiben. Braucht man den Platz im Frühjahr für frühes Gemüse, kann man sie aber auch ausgraben und an anderer Stelle im Garten lagern. Dazu werden sie mit einer Grabgabel behutsam aus der Erde gehoben und andernorts wieder »eingeschlagen«, indem man einen flachen Graben aushebt, die Pastinaken bündelt, dicht nebeneinander hineinlegt und wieder mit Erde bedeckt. So nehmen sie wesentlich weniger Platz weg als im Beet und können bei Bedarf ausgegraben werden. Nach einigen Wochen sollten sie allerdings aufgebraucht sein.

Aufgepasst! Manche Menschen reagieren allergisch auf Pastinaken und bekommen einen Hautausschlag. Tragen Sie daher Handschuhe im Umgang mit den Wurzeln.

Kopfkohl

Kopfkohl und seine nahen Verwandten wie Rosenkohl, Brokkoli und Grünkohl gedeihen in schweren, nährstoffreichen
Böden an sonnigen Plätzen. Kohl braucht relativ lange, bis
er reif ist, doch lohnt sich das Warten auf die vitaminreichen
Blätter. Es gibt Sommer-, Herbst-, Winter- und Frühjahrs-
sorten, sodass eine ganzjährige Versorgung möglich ist.

Volle Sonne

Feuchte Böden

Sie brauchen

Kohlsamen

Multitopf

Aussaaterde

Pflanzholz

Gießkanne

Bambusstäbe

Schnur

Handschaufel

Grabgabel

Rechen

Insektennetz

Handschaufel

Aussaaterde

Gießkanne

Schnur

Pflanz-holz

Grabgabel

Kohlsamen

Bambus-stäbe

Multitopf

Insekten-netz

Rechen

Sommer- und Herbstkohl: *nach 18–24 Wochen erntereif*

▸ **Aussaat:** *unter Glas in der ersten Frühjahrshälfte*

▸ **Auspflanzen:** *in der zweiten Frühjahrshälfte*

▸ **Schützen:** *Insektennetze halten Schädlinge fern*

▸ **Ernten:** *im Sommer bis in den Winter hinein*

1 Kohlsamen in Multitöpfe oder kleine Plastiktöpfe mit Aussaaterde säen. Mit einem Pflanzholz in jedes Modul ein 1 cm tiefes Loch stechen. 2–3 Samen in jedes Loch geben. Samen mit Erde abdecken und gut wässern.

Schütten Sie die Samen in Ihre Handfläche. So können Sie die exakte Anzahl zwischen die Finger nehmen und säen.

Kohl ist eine hungrige Pflanze, verwenden Sie deshalb Qualitätserde.

Sobald die Sämlinge so aussehen wie im Bild, können sie ausgepflanzt werden.

2 Je nach Sorte und Aussaatzeitpunkt sollten die Samen binnen 10 Tagen keimen. Sämlinge ausdünnen und nur das kräftigste und gesündeste Exemplar pro Topf bzw. Modul behalten.

Nicht vergessen Wenn die Sämlinge etwa 8 cm hoch sind, können sie ins Freiland umgesiedelt werden.

3 Vor dem Auspflanzen der Sämlinge muss der Boden gut vorbereitet werden, denn Kohl ist eine hungrige Pflanze, die reichlich organische Substanz im Erdreich braucht. Sämlinge wässern, aus dem Topf ziehen und mit 40 cm Abstand auspflanzen.

Aufgepasst! Beim Auspflanzen dürfen die Wurzeln nicht verletzt werden.

Kohl gehört in reiche, schwere Böden mit viel gut verrottetem Stallmist.

Der Ansatz des Pflänzchens muss auf gleicher Höhe wie die Beetoberfläche sein.

4 Pflänzchen während des Wachstums gut wässern, bei Hitze ggf. sogar täglich. Kohlpflanzen profitieren von einer gelegentlichen Dosis Flüssigdünger im Sommer.

Aufgepasst! Beim Wässern im Sommer sollte man nicht direkt auf die Blätter gießen, da sie sonst in der Sonne einen Sonnenbrand bekommen können.

Mit einem Brauseaufsatz auf der Gießkanne lässt sich Wasser sanft um die Pflanze herum verteilen.

Mit einem feinmaschigen Netz hindern Sie Schädlinge daran, zu den Pflanzen zu gelangen.

5 Im Verlauf der Saison Kohlköpfe mit einem sehr feinen Netz abdecken, um die drei Hauptschädlinge – Kleine Kohlfliege, Tauben, Kohlweißlingraupen – fernzuhalten. Pflanzen regelmäßig auf Befallsspuren absuchen.

Vorsicht! Entdecken Sie Raupen des Kohlweißlings, müssen Sie die Eier und Raupen sofort absammeln.

6 Kohl sollte etwa 18–24 Wochen nach der Aussaat reif sein. Beim Ernten den Ansatz mit einem Messer durchtrennen.

Tipp Kohl ist groß und nimmt beim Einlagern viel Platz weg. Deshalb sollte man ihn nur bei Bedarf ernten. Er kann durchaus noch einige Wochen lang im Beet stehen bleiben.

Ernten Sie nur jeden zweiten Kohlkopf ab und lassen Sie den Rest noch eine Weile weiterwachsen.

Pflege von **Kopfkohl**

Kopfkohl ist in unterschiedlich gefärbten und geformten Sorten erhältlich. Sein Anbau macht viel Spaß, vorausgesetzt, man schafft es, Schädlinge und Krankheiten fernzuhalten.

Das Herz schmeckt am besten. Die zähen äußeren Blätter werden entfernt.

Damit Kopfkohl so prächtig wie hier dasteht, muss er gut vor Schädlingen geschützt werden.

Nach dem Abernten lässt man den Strunk stehen. Aus ihm treiben noch einmal einige Blätter aus.

Darauf sollten Sie achten

Schädlinge Die schlimmsten Wüteriche sind Tauben – sie können die Köpfe völlig zerrupfen. Schützen Sie Ihre Kohlkulturen mit einem Netz. Kohlweißlinge und Kleine Kohlfliegen machen sich ebenfalls über die Köpfe her. Den Schmetterling hält man mit einem Insektennetz fern, während man gegen die Kohlfliege Kohlkragen um den Ansatz legt (siehe S. 128), die eine Eiablage verhindern.

Kohlhernie Wenn Sämlinge verkrümmt wachsen, welken oder sich verfärben, ist das ein Anzeichen für einen Befall durch die Kohlhernie. Diese Pilzkrankheit verursacht sporengefüllte Wucherungen an den Wurzeln. Der Erreger kann im Boden bis zu 20 Jahre überdauern. Infizierte Pflanzen müssen vernichtet werden.

Trockene Böden Kohl ist hungrig und braucht alle paar Wochen eine Dosis Flüssigdünger, um zu gedeihen. Bei Trockenheit wässert man täglich.

Saisonpflanzungen Bei sorgfältiger Planung lässt sich eine lückenlose Versorgung mit Kohl erreichen. Der Name des Kohls deutet darauf hin, wann er geerntet werden kann. Frühjahrskohl wird im Winter kultiviert und früh im Jahr aus den Beeten geholt. Oft pflanzt man ihn sehr dicht und erntet ihn als junges, zartes Gemüse. Sommer- und Herbstkohl wird im Frühjahr ausgesät und im Spätsommer geerntet – er verträgt Hitze. Winterkohl ist oft am dekorativsten. Er kann in Küchengärten, aber auch in Zierbeeten gezogen werden und ist ab dem Spätherbst erntereif.

Ebenfalls empfehlenswert ▶ ▶ ▶

Brokkoli

Volle Sonne

Feuchte Böden

Sie brauchen

Brokkolisamen

Gut verrotteter Dung

Bambusstäbe und Schnur

Spaten

Rechen

Gießkanne

Ist hierzulande von Brokkoli die Rede, ist meist der grüne Calabrese-Brokkoli mit großem Kopf gemeint. Wesentlich seltener ist der violette Brokkoli, auch Purple Sprouting bzw. Spross- oder Winter-Brokkoli genannt, der mehrere kleine Röschen entwickelt.

BODEN VORBEREITEN

Brokkoli sollte direkt an seinen endgültigen Standort gesät werden. Dazu bereitet man den Boden durch Umgraben, Jäten von Unkraut und Einarbeiten von reichlich Stallmist oder Kompost (siehe S. 15) gut vor.

AUSSAAT

Ausgesät wird ab Mai. Man spannt eine Schnur zwischen zwei Stäbe und zieht entlang der Schnur eine 1 cm tiefe Saatrille. Streuen Sie die Samen dünn in die Rille, schieben Sie Erde darüber, sodass sie leicht bedeckt sind, und wässern Sie gut. Nach 10 Tagen sollten die ersten Sämlinge aus dem Erdreich spitzen. Sie werden nach und nach ausgedünnt, bis zum Schluss nur noch ein einziges Pflänzchen alle 30 cm steht.

PFLEGE

Während die Pflanzen wachsen, hält man den Boden unkrautfrei, da die unerwünschten Gäste mit ihnen um Nährstoffe, Wasser und Licht konkurrieren. Gutes Wässern verhindert Pilzkrankheiten.

PROBLEME

Der gefährlichste Schädling an Brokkoli und anderen Angehörigen der Kohlfamilie ist die Kleine Kohlfliege. Sie legt ihre Eier an den Ansatz der Pflanze, woraufhin die Larven das Wurzelsystem anfressen. Zum Schutz vor der Fliege legt man eine Kohlmanschette oder einen Teppichrest um den Ansatz, damit dort keine Eier mehr abgelegt werden können (siehe S. 128). Durch Abdecken der Köpfe mit einem Netz verhindert man, dass Kohlweißlinge ihre Eier ablegen und Vögel die Köpfe anpicken.

ERNTE

Brokkoli kann vom Hochsommer bis zum Spätherbst geerntet werden. Er ist reif, sobald die Blütenstände entwickelt, die Einzelblüten aber noch nicht geöffnet sind. Mit einem scharfen Messer kappt man die Köpfe.

Stangenbohnen

Stangenbohnen schmecken gut und sind ausgesprochen ertragreich. Sie lassen sich immer wieder abernten. Wenn man die Bohnen an einem Stangenzelt hochklettern lässt, sind sie zudem eine dekorative Bereicherung des Gemüsegartens. Die rustikalen Konstruktionen geben dem Ganzen Höhe und Struktur, die leuchtenden Blüten Farbe.

Volle Sonne

Feuchte Böden

Sie brauchen

Bohnensamen

Universalerde

Plastiktöpfe

Großes Gefäß,
z. B. ein Henkelkorb mit Abzugslöchern

6 Bambusstäbe

Schnur

Tonscherben

Gießkanne

Bohnensamen

Universalerde

Tonscherben

Schnur

Bambusstäbe

Gießkanne

Plastiktöpfe

Großes Gefäß

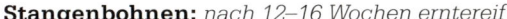

Stangenbohnen: *nach 12–16 Wochen erntereif*

Aussaat: *unter Glas in der zweiten Frühjahrshälfte*

Wässern: *vor allem bei großer Sommerhitze wichtig*

Ernte: *vom Hochsommer bis in den Herbst hinein*

1 Bohnensamen im April oder Mai in kleine Plastiktöpfe säen und je zwei Samen pro Topf in die Erde drücken. Qualitätserde verwenden. Die Töpfe auf eine sonnige Fensterbank oder in ein kleines Gewächshaus stellen, bis die Frostgefahr vorüber ist. Nach einigen Wochen den schwächeren der beiden Sämlinge auszupfen und den gesünderen, kräftigeren weiterwachsen lassen.

Die Samen können entweder in Töpfen vorgetrieben oder ab Juni direkt ins Freiland gesetzt werden.

Indem man die Bambusstäbe alle 30 cm mit Schnur umwickelt, entsteht eine tragfähige Konstruktion.

Evtl. kann man auch Haselnussruten verwenden – sie sind dekorativer und wirken rustikaler als Bambusstäbe.

2 Auf den Boden des Gefäßes Tonscherben auf die Abzugslöcher legen. Das Gefäß mit Erde füllen und Langzeitdünger dazumischen. 2 m hohe Bambusstäbe mit etwa 25 cm Abstand zueinander an den Rand des Gefäßes in die Erde stecken. Stäbe mit einer Schnur oben zu einem »Zelt« zusammenbinden. Dann die Stangen in regelmäßigen Abständen über die ganze Höhe mehrfach mit Schnur umwickeln.

3 Pflanzen entlang des Gefäßrands so einpflanzen, dass jede ihren eigenen Stab hat. Dazu mit der Handschaufel ein Loch für jedes Pflänzchen graben, Pflänzchen aus dem Topf holen und in das Loch stellen. Festdrücken und gut wässern.

Die Wurzeln müssen gut mit Erde abgedeckt werden, damit sie nicht austrocknen.

4 Wenn die Pflänzchen in die Höhe wachsen, kann man sie an den Stäben hochführen. Dazu Triebe behutsam um die Stäbe wickeln und festbinden. Später sollten sie dann selbst an den Stäben hochklettern.

Aufgepasst! Untersuchen Sie die Blätter auf Fraßschäden durch Schädlinge wie Schnecken und die Schwarze Bohnenlaus.

Die Triebe werden anfangs mit einer Schnur angebunden.

Die Blüten sehen nicht nur gut aus, sie locken auch Bienen in den Garten.

5 Wachsende Pflanzen regelmäßig prüfen und aus der Reihe tanzende Triebe wieder festbinden. Sobald die Triebe das obere Ende des Stangenzelts erreichen, Triebspitze abzwicken, damit sie nicht weiterwachsen können.

Tipp Unkräuter auszupfen, Bohnenpflanzen regelmäßig wässern und wöchentlich einen Flüssigdünger ins Gießwasser geben.

6 Etwa 12 Wochen nach der Aussaat sollten die ersten Bohnen geerntet werden können. Pflanzen regelmäßig abernten – jedes Exemplar liefert im Verlauf mehrerer Monate rund 1 kg Bohnen.

Aufgepasst! Lassen Sie die reifen Bohnen nicht zu lange an der Pflanze, sonst werden sie fädig.

Ernten Sie die Bohnen regelmäßig ab, damit sie länger tragen.

Pflege von **Stangenbohnen**

Frische Stangenbohnen sind eine wahre Delikatesse. Ihr Anbau bereitet keine Schwierigkeiten – recht viel mehr, als sie zu stützen und regelmäßig abzuernten, ist nicht nötig.

Zu große Bohnen werden zäh und fädig. Man zupft sie ab und wirft sie auf den Kompost.

Regelmäßiges Abernten regt die Pflanze zur Bildung immer neuer Bohnen an.

Bohnen sind Kletterpflanzen und brauchen eine Stütze.

Darauf sollten Sie achten

Aus der Reihe tanzende Triebe Stangenbohnen bilden windende Triebe und brauchen eine tragfähige Stütze. Die Triebe müssen anfangs angebunden werden. Lässt man sie ungehindert wachsen, erreichen sie gut und gerne 3 m Höhe, normalerweise aber zwickt man sie ab, sobald sie das Ende der Stütze erreichen. Zwergsorten bleiben kleiner.

Trockenes Substrat Bei der Topfkultur müssen Stangenbohnen in der Regel fast täglich gewässert werden. Prüfen Sie das Substrat also häufig und lassen Sie es nie austrocknen. Einmal wöchentlich gibt man außerdem einen Flüssigdünger ins Gießwasser.

Schädlinge Schnecken lieben die zarten Blätter von Jungpflanzen – wie man sie abwehrt, ist auf S. 67 zu erfahren. Mäuse können sich über die frisch gesäten Samen hermachen, die man am besten mit einer Abdeckung vor den Nagern schützt.

Schlechte Blüte Gelegentlich setzen Bohnen keine Blüten an und tragen deshalb auch nicht. Durch regelmäßiges Wässern und Düngen kann man das meist verhindern. Weiße und rosa Formen blühen normalerweise besser als rote.

Fädige Hülsen Bohnen müssen alle paar Tage abgeerntet werden, sonst hört die Pflanze auf zu blühen. Lässt man Hülsen zu lange am Trieb, werden sie fädig, zäh und ungenießbar.

Ebenfalls empfehlenswert ▶ ▶ ▶

Erbsen

Volle Sonne

Feuchte Böden

Sie brauchen

Erbsensamen

Plastikrinne oder Plastiktöpfe

Pflanzholz

Universalerde

Gießkanne

Spaten

Rechen

Gut verrotteter Dung

Stäbe und Netze

Erbsen und Bohnen gehören zur selben Familie und bevorzugen ähnliche Bedingungen. Erbsen kann man im Januar/Februar unter Glas aussäen, von März bis Sommer direkt ins Freiland. Wer wenig und oft sät, kann fast ohne Pausen ernten.

AUSSAAT

Erbsen Für die Aussaat unter Glas nimmt man eine beliebig lange Plastikrinne, füllt sie mit Universalerde und setzt alle 5 cm ein Samenkorn 5 cm tief in die Erde. Ausgesät werden kann jedoch auch in Einzeltöpfe. Die Samen werden gut gewässert und in ein Gewächshaus oder auf ein Fensterbrett gestellt, wo sie keimen können. Unterdessen bereitet man den Boden im Freiland vor, indem man ihn umgräbt, jätet und gut verrotteten Tierdung einarbeitet. Sobald die Sämlinge erscheinen und der Boden warm genug ist, setzt man die Pflanzen aus der Rinne direkt in einen flachen Graben im Beet oder pflanzt sie einzeln mit 5 cm Abstand aus.

PFLEGE

Erbsen sind Kletterpflanzen und brauchen eine Stütze. Drücken Sie einen Stab neben den Sämling in die Erde oder spannen Sie ein Netz bzw. Maschendraht, an dem sich die Pflanze hochziehen kann.

Wässern Sie während des Wachstums gut, vor allem zu Beginn der Blüte. Ist der Boden zu trocken, blühen Erbsen nicht.

Decken Sie die Erbsen mit Netzen ab, denn Vögel zupfen Laub und Hülsen von den Pflanzen.

Zwicken Sie die Triebspitzen ab, sobald die Pflanzen am oberen Ende ihrer Stütze angelangt sind. Manche Formen werden sehr hoch.

ERNTE

Erbsen tragen über längere Zeit, wenn man ihre Hülsen regelmäßig aberntet. Fällt zu viel auf einmal an, kann man Erbsen auch einfrieren. Mitunter schmecken sie danach sogar noch süßer.

Herbsthimbeeren

Himbeeren sind lohnende Langzeitprojekte. Sie werden etwa 15 Jahre alt, weshalb man ihren Standort mit Bedacht wählen sollte. Der Anbau der köstlichen Beeren erfordert etwas handwerkliches Geschick, da man Stützen errichten muss, und vorausschauendes Planen für die nächsten ein, zwei Jahre, wenn es um ihren Schnitt geht.

Volle Sonne   **Leichte Böden**

Sie brauchen

Himbeerruten
  im Herbst fruchtende Sorten

Gut verrotteter Dung

Grabgabel

Rechen

Pfosten und Schnur bzw. Draht

Handschaufel

Gießkanne

Gartenschere

Handschuhe

Pflanzenschildchen

Volldünger

Gut verrotteter Dung

Schnur

Volldünger

Grabgabel   **Pfosten**

Handschuhe

Gartenschere   **Gieß-kanne**   **Rechen**   **Handschaufel**

Herbsthimbeeren: *nach 16–20 Wochen erntereif*

Einpflanzen: *im Herbst oder Frühjahr, Topfpflanzen ganzjährig*

Wässern: *vor allem bei großer Sommerhitze*

Ernten: *vom Spätsommer bis in den Herbst hinein*

1 Boden gut vorbereiten und umgraben. Stützkonstruktion errichten: Entlang des Streifens, auf dem die Himbeeren gepflanzt werden sollen, alle 3 m einen Pfosten einschlagen. Zwischen die Pfosten mehrere Schnüre oder Drähte spannen – die Ruten werden später an sie angebunden. Zwischen die Pfosten Ruten im Abstand von 40 cm etwa 5 cm tief pflanzen.

Pflanzt man die Ruten zu tief, faulen sie.

2 Im Frühjahr erscheinen grüne Triebe. Mit der Gartenschere schneidet man nun die alten Ruten bis auf den Boden zurück, ohne die frischen Triebe zu verletzen. Triebe mit zunehmendem Wachstum an die gespannten Schnüre oder Drähte anbinden.

Tipp Vergessen Sie nicht zu düngen und zu jäten.

3 Frisch gepflanzte Ruten während der Wachstumsphase etwa zweimal wöchentlich wässern. Himbeeren treiben am Ansatz Ausläufer aus, die aus der Reihe tanzen. Sie werden entfernt, da sie den Hauptpflanzen Nährstoffe und Wasser wegnehmen.

Wässern Sie den Boden direkt über dem Wurzelraum.

4 Himbeeren ernten, sobald sie weich und saftig sind. Lässt man Herbsthimbeeren den Winter über stehen, bilden sie oft noch ein paar Früchte. Der Rückschnitt erfolgt dann im Frühjahr.

Aufgepasst! Wer auch Sommerhimbeeren kultiviert, muss beide klar getrennt halten, denn die Sommerformen müssen im Herbst und nicht im Frühjahr geschnitten werden.

Tragen Sie beim Schneiden der Ruten stets Handschuhe.

Pflege der **Himbeeren**

Herbsthimbeeren zu pflanzen ist leicht. Etwas schwieriger ist ihre Pflege in den nächsten 15 Jahren. Wichtig sind eine gute Stütze und ein ordentlicher Schnitt.

Himbeeren gibt es auch in Gelb und sogar Goldgelb.

Die Beeren werden am besten an einem trockenen Tag geerntet.

Herbsthimbeeren werden nicht so häufig von Vögeln genascht wie Sommersorten.

Darauf sollten Sie achten

Sommerhimbeeren Diese Sortengruppe trägt im Sommer Früchte und wird gleich nach dem Abernten geschnitten. Ihre Formen sind wüchsiger als die der Herbsthimbeeren und brauchen ein aufwendigeres Stützsystem.

Gelbes Laub Himbeeren bevorzugen leicht saure Böden. Wenn die Blätter gelb werden, kann das auf Kalkchlorose hindeuten, die von alkalischen Böden verursacht wird und einen Mangel an Nährstoffen wie Eisen und Mangan verursacht. Mit Schwefel kann man den Boden saurer machen.

Umfallende Ruten Ruten müssen immer gut angebunden oder gestützt werden. Das verbessert nicht nur die Durchlüftung, sondern verringert auch das Risiko, dass die Pflanzen erkranken, und erleichtert außerdem die Ernte.

Apfelbaum im Topf

Wer eigene Äpfel ernten will, aber wenig Platz hat, kann
sein Apfelbäumchen in einen Topf pflanzen. Dazu wählt
man eine schwach wachsende Unterlage, damit das
Gehölz klein und kompakt bleibt. Auf diese Unterlage wird
eine bestimmte Sorte veredelt. Wie groß der Baum wird,
hängt aber immer von der Unterlage ab.

Volle Sonne **Leichte Böden**

Sie brauchen

Apfelbaum mit schwach wachsender
Unterlage wie M26 oder M9

Großes, frostbeständiges Pflanzgefäß

Tonscherben

Universalerde

Langzeitdünger

Stab und Schnur

Gießkanne

Langzeitdünger

Gartenschere

Flüssigdünger **Universalerde**

Tonscherben

Gartenschere **Schnur**

**Gieß-
kanne**

**Langzeit-
dünger**

Apfelbaum **Pflanzgefäß** **Stab**

Äpfel: *nach 14–20 Wochen erntereif*

▸ **Einpflanzen:** *wurzel-nackte Bäume im Winter, Ballenware ganzjährig*

▸ **Wässern:** *nach dem Einpflanzen und den ganzen Sommer*

▸ **Ausdünnen:** *unreife Äpfel im Hochsommer abzwicken*

▸ **Ernten:** *vom Spätsommer bis in den Herbst*

1 Wurzeln des Apfelbaums vor dem Einpflanzen einige Stunden lang in einem Eimer Wasser gründlich einweichen. Der Baum hat idealerweise eine schwachwüchsige Unterlage wie M26 oder eine mittelstarke Unterlage wie M9, damit er kompakt bleibt.

Tipp Der Wurzelballen soll so viel Wasser aufsaugen wie möglich, denn später im Topf ist es nicht mehr so einfach, ihn einzuweichen.

Apfelbäume haben nicht nur hübsche Blüten, sondern auch leckere Früchte zu bieten.

Vor dem Einpflanzen werden die Wurzeln ordentlich eingeweicht.

Kaufen Sie ein frostfestes Gefäß.

Decken Sie die Abzugslöcher mit Tonscherben ab, damit die Wurzeln nicht faulen.

2 Das Pflanzgefäß für den Apfelbaum muss frostbeständig sein. Es sollte etwa 40 cm Durchmesser haben und mit Abzugslöchern im Boden ausgestattet sein. Auf den Boden des Gefäßes Tonscherben legen, damit überschüssiges Wasser ablaufen kann.

Tipp Stellen Sie das Gefäß an seinen endgültigen Standort, solange es noch leer ist, denn später ist es sehr schwer.

3 Etwas Qualitätserde in das Gefäß füllen, dabei Langzeitdünger dazumischen – er versorgt die Pflanze mit wichtigen Nährstoffen.

Aufgepasst! Füllen Sie das Gefäß nur so weit, dass der Wurzelballen des Bäumchens noch gut hineinpasst.

Tragen Sie beim Untermischen des Langzeitdüngers Handschuhe.

4 Den Baum vorsichtig aus dem Topf holen und in sein Pflanzgefäß stellen. Dabei darauf achten, dass sich die Oberseite des Ballens einige Zentimeter unterhalb des Topfrands befindet.

Tipp Wurzeln vor dem Einpflanzen etwas lockern, damit sie sich leichter ausbreiten und in die Topferde vordringen können, statt nach innen zu wachsen und sich selbst zu »ersticken«.

...Ziehen Sie die faserartigen Wurzeln vor dem Einpflanzen behutsam aus dem Ballen.

5 Um den Ballen bis zur Höhe des Baumansatzes Erde einfüllen, anschließend gut wässern. Einen Stab senkrecht in die Erde stecken, um den Baum zu stützen und fest zu verankern. Den Stamm am Stab festbinden. Zum Schluss die Substratoberfläche mit Kies oder gut verrottetem Mist mulchen, um Unkraut zu unterdrücken und die Verdunstung von Feuchtigkeit zu verringern.

Pflege des **Apfelbaums**

Apfelbäume in Gefäßen sind eine Bereicherung für Terrassen und Balkone. Mit dem richtigen Schnitt und gekonnter Fruchtausdünnung ist gutes Gedeihen garantiert.

Suchen Sie den Baum nach krankem und abgestorbenem Holz ab und schneiden Sie es sogleich heraus.

Schneiden Sie den Baum jährlich im zeitigen Frühjahr zurück, um ihn zum Neuaustrieb anzuregen.

Je nach Sorte muss eventuell ein anderer Apfelbaum als Bestäuber in der Nähe wachsen.

Darauf sollten Sie achten

Trockener Boden Apfelbäume in Gefäßen sollten an einem geschützten Standort in der vollen Sonne stehen. Allerdings trocknen sie deshalb auch ziemlich schnell aus. Gutes Wässern und wöchentliches Düngen mit einem Flüssigdünger während der Wachstumssaison ist unerlässlich.

Vögel Spannen Sie im Sommer ein Netz über den Baum, damit Vögel die Früchte nicht anpicken.

Verdichteter Wuchs Apfelbäume sollten jedes Frühjahr leicht geschnitten werden. Nehmen Sie überkreuzte und verletzte Zweige heraus.

Zu viele Früchte Um schöne Äpfel zu ernten, dünnt man die Früchte im Hochsommer etwas aus. Lassen Sie pro Büschel nur 1–2 Früchte stehen.

Dickenwachstum Überprüfen Sie die Befestigung an der Stütze. Sie darf den Stamm nicht einschnüren und muss ggf. gelockert werden.

Ebenfalls empfehlenswert ▶ ▶ ▶

Feigenbaum **im Topf**

**Volle
Sonne**

**Feuchte
Böden**

Sie brauchen

Feigenbaum, frostharte Sorte

Tonhaltiges Substrat guter Qualität

Frostbeständiges Pflanzgefäß

Tonscherben

Stütze und Baumband

Gießkanne

Flüssigdünger

EIGNUNG

Feigenbäume lassen sich leichter ziehen, als man denkt. Allerdings sind sie nur im Weinbauklima zuverlässig winterhart. Es gibt jedoch sehr robuste Sorten, die Minustemperaturen bis −10 °C, zum Teil sogar bis −15 °C vertragen. Problematischer ist, sie bei uns zum Fruchten zu bringen. Feigen kommen gut mit der Topfkultur zurecht, ja, sie tragen sogar besser, wenn ihre Wurzeln beengt wachsen. Das zwingt sie, Früchte statt Laub zu entwickeln.

EINPFLANZEN

Feigen sollten in frostfeste Gefäße mit etwa 40 cm Durchmesser gesetzt werden. Die Abzugslöcher müssen mit Tonscherben abgedeckt werden. Als Substrat eignet sich stark durchlässige Erde mit Tonanteil. Nach dem Einpflanzen muss gut gewässert werden.

PFLEGE

Feigen müssen im Sommer täglich gewässert werden, denn der Ballen trocknet rasch aus. Sie fruchten besser, wenn man sie obendrein wöchentlich mit Flüssigdünger verwöhnt und im Frühjahr mulcht. Ratsam ist ein Umtopfen in frische Erde alle paar Jahre. Einen größeren Topf sollten sie aber nicht bekommen, denn wenn ihre Wurzeln etwas enger stehen, setzen die Pflanzen mehr Früchte an.

FRUCHTEN

Die Früchte bilden sich an Zweigspitzen. In kühleren Klimazonen tragen Feigen nur einmal im Jahr. Die unreifen Früchte erscheinen im Herbst, überwintern und werden im darauffolgenden Sommer reif. Früchte, die sich erst spät in der Saison bilden, zupft man ab, denn sie überleben den Winter nicht. Schutz vor Vögeln und Wespen ist empfehlenswert.

SCHNITT

Ein Schnitt ist kaum nötig. Lediglich älteres Holz kann man im Frühjahr herausnehmen, wenn man frische Triebe als Ersatz hat. Triebspitzen werden im Frühjahr abgezwickt, um den Fruchtansatz zu fördern. Auch Laub, das Früchte im Sommer beschattet, sollte entfernt werden.

Schwarze Johannisbeeren

Die tiefschwarzen Beeren, die in Trauben vom Zweig
hängen, sind eine Bereicherung jedes Küchengartens.
Die Sträucher werden etwa 10 cm tiefer gepflanzt, als sie
zuvor im Topf standen; sie wachsen dann buschig.

☀️ **Volle Sonne** 💧 **Feuchte Böden**

Sie brauchen

Schwarze Johannisbeere (Strauch)

Grabgabel

Rechen

Spaten

Gut verrotteter Mist

Stäbe und Schnur

Langzeitdünger

Gießkanne

Schildchen zum Beschriften

Schildchen

Gießkanne

Langzeit- dünger

Gut verrotteter Mist

Grabgabel

Spaten

Rechen

Schnur

Stäbe

Schwarze Johannisbeeren: *nach 10–12 Wochen erntereif*

Einpflanzen: *wurzel- nackte Ware im Winter, Topfware ganzjährig*

Stützen: *mit Stä- ben während des Wachstums*

Ernten: *im Sommer und Herbst*

123

1 Ein Loch graben, das doppelt so breit ist wie der Wurzelballen des Johannisbeerstrauchs und rund 10 cm tiefer, als er hoch ist. Einen Stab über das Loch legen, um die Pflanztiefe prüfen zu können – der Strauch sollte etwas tiefer als im Topf stehen. Kompost bzw. gut verrotteten Mist mit dem Aushub mischen – später wird das Loch damit wieder aufgefüllt.

Drücken Sie die Erde dicht um die Pflanze fest, ohne den Strauch zu verletzen. ......

2 Pflanze mit den Händen oder Füßen festdrücken. Boden eben harken. Pflanze mit einer Gießkanne mit feiner Brause gründlich wässern. Langzeitdünger um den Wurzelraum verteilen und mit gut verrottetem Stallmist mulchen.

Tipp Falls mehr als ein Strauch gepflanzt wird, setzt man sie mit 1,5 m Abstand.

3 Strauch auch weiterhin gut wässern, vor allem im ersten Sommer, und regelmäßig düngen. Unkraut von Hand statt mit der Hacke jäten, um keine Wurzeln zu verletzen. Im Frühjahr mit gut verrottetem Stallmist mulchen.

Aufgepasst! Melden die Wetterdienste während der Blüte Frost, schützt man den Strauch mit einem Gartenvlies.

...... *Flüssigdünger hält die Blätter grün und gesund.*

...... *Eine großzügige Schicht verrotteter Mist verhindert, dass Unkräuter keimen.*

Stützen Sie die Triebe mit Stäben und einer Schnur, damit sie nicht brechen.

Halten Sie den Bereich um die Pflanze unkrautfrei und wässern Sie ihn im Sommer gut.

4 Sobald der Busch Früchte trägt, müssen die Triebe gestützt werden, damit sie unter der Last nicht brechen. Am simpelsten ist ein Rahmen: einfach vier Stäbe um die Pflanze herum in den Boden stecken und eine Schnur außen herumwickeln.

Aufgepasst! Wenn die Beeren reif werden, legt man am besten ein Netz über die Büsche, damit Vögel sie nicht abzupfen.

Pflege **Schwarzer Johannisbeeren**

Schwarze Johannisbeeren stehen Blumen an Schönheit nicht nach. Leider schmecken sie auch Vögeln, weshalb man sie mit einem Netz schützen sollte.

Schwarze Johannisbeeren lassen sich leicht kultivieren, doch die Beeren zu ernten ist nicht ganz einfach.

Die Beeren sind eine gesunde Nascherei mit viel Vitamin C.

Darauf sollten Sie achten

Reife Früchte Sie sind ein Leckerbissen für Vögel und sollten mit einem Netz vor hungrigen Schnäbeln geschützt werden. Das Ernten ist etwas mühsam, denn die Beeren sind ziemlich klein. Mit einer Schere kann man die ganzen Trauben abschneiden.

Schwacher Wuchs Schwarze Johannisbeeren brauchen schwere, nährstoffreiche Böden mit hohem Stickstoffgehalt, damit jedes Jahr aus dem Ansatz viele neue Triebe austreiben. Im Frühjahr streut man vor dem Mulchen einen Dünger wie z. B. Ammoniumsulfat auf den Wurzelraum.

Langtriebiger, verdichteter Wuchs Schwarze Johannisbeeren schneidet man jährlich im Frühjahr. Dazu schneidet man einfach ein Drittel der alten, langen Triebe bis zum Ansatz zurück.

Ebenfalls empfehlenswert ▶ ▶ ▶

Weiße und Rote Johannisbeeren

Volle Sonne oder Halbschatten　　**Leichte Böden**

Sie brauchen

Weiße oder Rote Johannisbeere (Busch)

Gut verrotteter Mist oder Kompost

Spaten

Bambusstäbe und Schnur

Gartenschere

Netz

Weiße und Rote Johannisbeeren gehören zur selben Art und haben nur unterschiedlich gefärbte Beeren. Man kann sie im Schatten oder in der Sonne kultivieren, weshalb sie für nordwärts gerichtete Gärten und Terrassen im Schatten wie geschaffen sind.

EINPFLANZEN

Weiße und Rote Johannisbeeren sollten im Herbst gepflanzt werden, solange der Boden noch warm ist. Sie brauchen nährstoffreiche, mit gut verrottetem Mist, Humus oder Kompost angereicherte Böden. Gepflanzt werden sie genauso tief, wie sie vorher im Topf gestanden haben. Mit einem Netz schützt man die Früchte vor Vögeln.

SCHNITT

Man zieht die Sträucher als offenen Busch auf einem rund 20 cm hohen Stämmchen. Die Mitte der Krone sollte offen bleiben, wobei 4–5 Zweige das Hauptgerüst bilden, sodass eine Art Kelchform entsteht. Johannisbeeren lassen sich auch als vertikale Kordons ziehen (siehe S. 180–181).

Schneiden Sie die Sträucher im Frühjahr. Herausgenommen werden alle Triebe, die quer durch die Mitte wachsen, aber auch krankes Holz. Im Sommer stutzt man frische Triebe bis auf fünf Blätter zurück, um die Durchlüftung zu verbessern und Sonnenlicht an die Früchte zu lassen (siehe S. 176–179).

Weiße Johannisbeeren

Rote Johannisbeeren

Stachelbeeren

Volle Sonne oder Halbschatten

Leichte Böden

Sie brauchen

Stachelbeere (Busch)

Gut verrotteter Stallmist oder Kompost

Spaten

Bambusstäbe und Schnur

Gartenschere

Netze

Pflöcke und Drähte

Stachelbeeren stellen dieselben Ansprüche wie Weiße und Rote Johannisbeeren und werden deshalb genauso kultiviert. Man sollte sie wie Johannisbeeren schneiden, da sie an alten und dem Ansatz von neuen Trieben Früchte tragen.

EINPFLANZEN

Stachelbeeren können als frei stehende Büsche mit 1 m Abstand gepflanzt werden, doch lassen sie sich auch als Spalier erziehen. Vor dem Pflanzen errichtet man dazu ein Gerüst aus drei horizontalen Drähten, die parallel zwischen zwei Pfosten gespannt werden. Graben Sie für die Pflanze ein Loch, das in etwa so groß ist wie der Wurzelballen des Strauchs, und stellen Sie ihn hinein. Gut andrücken und wässern. Wer Stachelbeeren als Kordons erziehen möchte (siehe S. 180), pflanzt sie in 35 cm Abstand und führt sie an senkrechte Bambusstäbe, die an die Drähte gebunden sind.

SCHNITT VON KORDONS

Geschnitten werden die Büsche wie Johannisbeeren (siehe gegenüber). Überkreuzte, kranke oder verletzte Triebe nimmt man heraus. Im Sommer sollten neue Triebe auf fünf Blätter über dem Ansatz zurückgestutzt werden. Im Frühjahr schneidet man alle neuen Triebe auf zwei Knospen zurück. Der oberste Trieb wird nicht entfernt, sondern weitergeführt, bis er am obersten Draht angelangt ist.

PFLEGE

Stachelbeeren werden im ersten Jahr gut gewässert. Anschließend düngt und mulcht man jährlich im Frühjahr. Sobald die Beeren reifen, spannt man ein Netz über die Pflanzen, um hungrige Vögel fernzuhalten.

PROBLEME

Halten Sie Ausschau nach den behaarten Raupen der Stachelbeerblattwespe. Die Tiere werden von Hand abgelesen, sobald man sie entdeckt. Stachelbeeren sind außerdem anfällig für den Amerikanischen Stachelbeermehltau, weshalb man unbedingt widerstandsfähige Sorten wie zum Beispiel 'Invicta' pflanzen und zudem immer gut wässern sollte (siehe S. 66).

Schutz vor **Schädlingen**

Es gibt einige simple Tricks, wie man Pflanzen vor Schädlingen schützen kann. Viele erfordern keine teure Spezialausrüstung, sondern können aus recyceltem Material gebastelt werden. Die beste Verteidigung ist, seine Feinde zu kennen – dann weiß man, wie man sie am besten besiegt.

Netze

Häufige Gartenbewohner wie Vögel, Mäuse und Eichhörnchen schlagen oft gerade dann zu, wenn die Früchte am besten schmecken. Mit einem Netz hält man sie von den Köstlichkeiten fern. Stützen Sie die Netze mit Stäben, damit sie nicht auf dem Obst und Gemüse aufliegen. Das Netz darf keine Löcher haben – die Tiere spüren sie schnell auf. Befestigen Sie das Netz unten am Boden, damit die Tiere nicht hindurchkriechen. Für Kohl braucht man sehr feinmaschige Netze oder Vlies, um den Kohlweißling fernzuhalten.

Kohlmanschetten

Die Kleine Kohlfliege steuert bevorzugt Kohlgewächse wie Kopfkohl an und setzt sich an den Wurzeln fest, woraufhin die Pflanzen eingehen. Es gibt kein wirksames Präparat gegen den Schädling – die beste Verteidigung ist eine Kohlmanschette, die man um den Ansatz der Pflanzen legt. Sie hindert die Fliege an der Eiablage. Es gibt spezielle Kohlmanschetten im Handel zu kaufen, doch kann man sie auch selbst aus Kartonpapier oder Teppichresten basteln. Sie sind ebenso wirksam wie gekaufte Versionen.

Schneiden Sie einen Schlitz in die Manschette, um sie unter die Pflänzchen schieben zu können, ohne sie zu verletzen.

Glänzende Objekte

Vögel kann man mit einem simplen Trick von Obst und Gemüse fernhalten: Man hängt einfach glänzende Gegenstände auf, die in der Sonne funkeln – ihr Blitzen schreckt die Tiere ab. Geeignet sind alte CDs, Folienstreifen oder Glanzpapier.

Alte Folien und glänzende Geschenkpapiere verscheuchen Vögel.

Abdeckungen

Im Fachhandel gibt es spezielle Abdeckungen, die man über einzelne Pflanzen stellt. Sie sind im Nu platziert und können in einem Schuppen einsatzbereit gehalten werden. Wenn man sie in Folie einwickelt, lassen sie sich im Winter und Frühjahr als Frostschutz einsetzen. Man kann solche Abdeckungen sogar selbst aus Maschendrahtzaun basteln.

Abdeckungen wie diese schützen Gemüse- und Obstpflanzen vor Vögeln.

Vlies

Vögel sind nicht die einzigen Räuber, die nach Gemüseschätzen trachten. Ein großes Problem ist die Möhrenfliege. Ihre Larven fressen Gänge in die Wurzeln und machen sie ungenießbar. Fernhalten kann man den Schädling mit einem sehr feinen Vlies, mit dem man die Kulturen einzäunt. Die Barriere muss mindestens 60 cm hoch sein, dann kann die Möhrenfliege sie nicht mehr überfliegen.

3

Weiter geht's!

Im letzten Teil bekommen Sie Gelegenheit, sich an einer ganzen Reihe köstlicher Gourmetsorten zu versuchen, etwa zartem Spargel, glänzenden Auberginen, saftigen Pflaumen und juwelengleichen Heidelbeeren. Manche brauchen eine Sonderbehandlung, belohnen jedoch Zeitinvestitionen und ein großzügiges Platzangebot reichlich. Alle aber sind das bisschen Zusatzmühe wert und eine Bereicherung jedes Küchengartens!

Das lernen Sie in Teil 3 anzubauen

Lauch
S. 138–143

Auberginen
S. 144–149

Spargel
S. 150–153

Artischocken
S. 154–157

Kräuter
S. 158–163

Heidelbeeren
S. 164–167

Pflaumen
S. 170–174

**Außerdem:
Lagerung**
S. 182–185

Einen Küchengarten planen

Sorgfältige Planung ist unverzichtbar, wenn man einen Nutz- bzw. Küchengarten anlegen will. Wo Platz knapp ist, hält man ihn einfach und überschaubar, beschränkt sich auf geringe Mengen vieler oder größere Mengen weniger Arten. Die hier gezeigten Pläne sind für 3 × 3 m große Areale gedacht, doch können Sie die Maße problemlos abwandeln und an Ihr Grundstück anpassen.

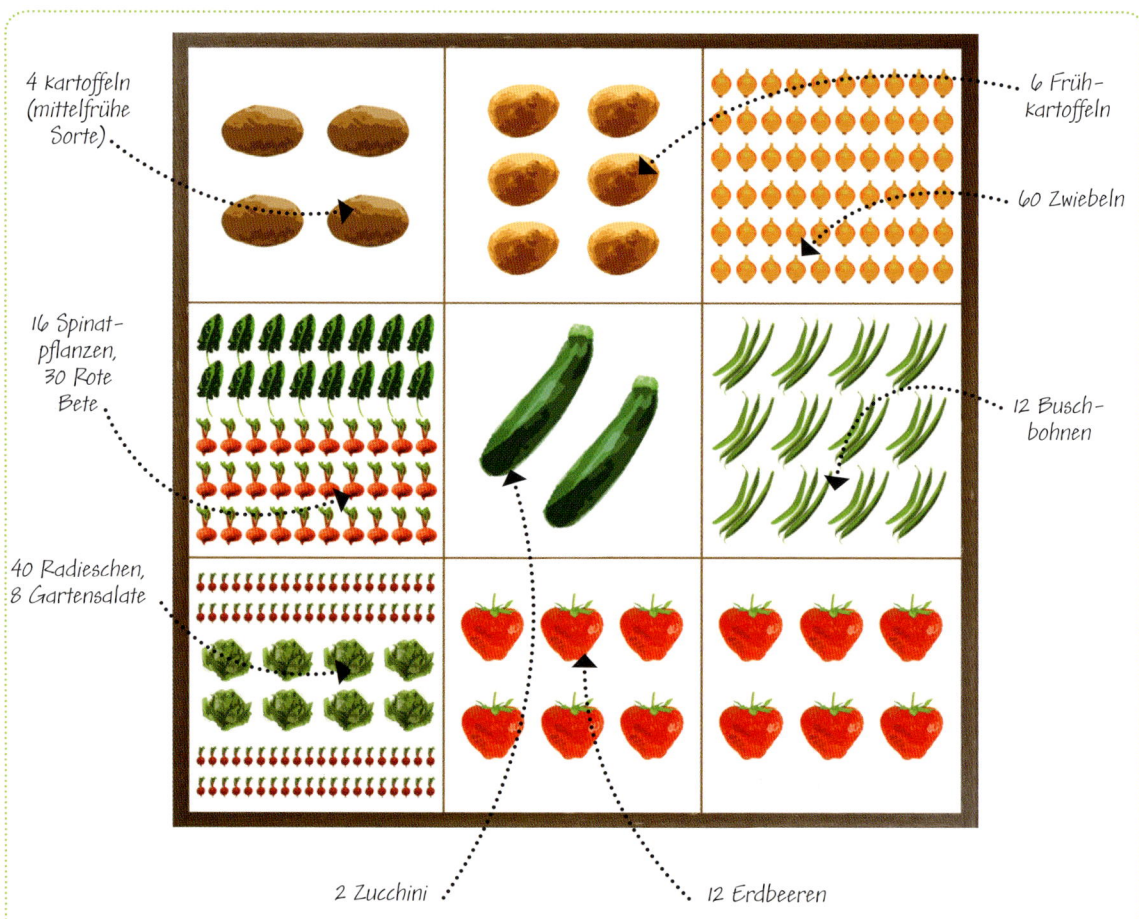

4 kartoffeln (mittelfrühe Sorte)

6 Früh-kartoffeln

60 Zwiebeln

16 Spinat-pflanzen, 30 Rote Bete

12 Busch-bohnen

40 Radieschen, 8 Gartensalate

2 Zucchini

12 Erdbeeren

Für Einsteiger

Dieser einfache Küchengarten enthält die Grundausstattung mit Kartoffeln, Zwiebeln und Bohnen. Mit dabei sind außerdem schnell reifende Arten wie Radieschen, Rote Bete und Gartensalate. Die verlässlichen Zucchini- und Spinatpflanzen sind Zutaten für Pfannengerichte, während Erdbeeren den Frühsommer versüßen. Alles ist einfach anzubauen und eignet sich daher hervorragend für alle, die zum ersten Mal einen Nutzgarten anlegen. Pflanzen Sie alles, was als Erstes reif ist, am äußeren Rand – hier für Salate geeignete Gemüse –, sodass man von außen nach innen ernten kann und keine Pflanzen stören muss.

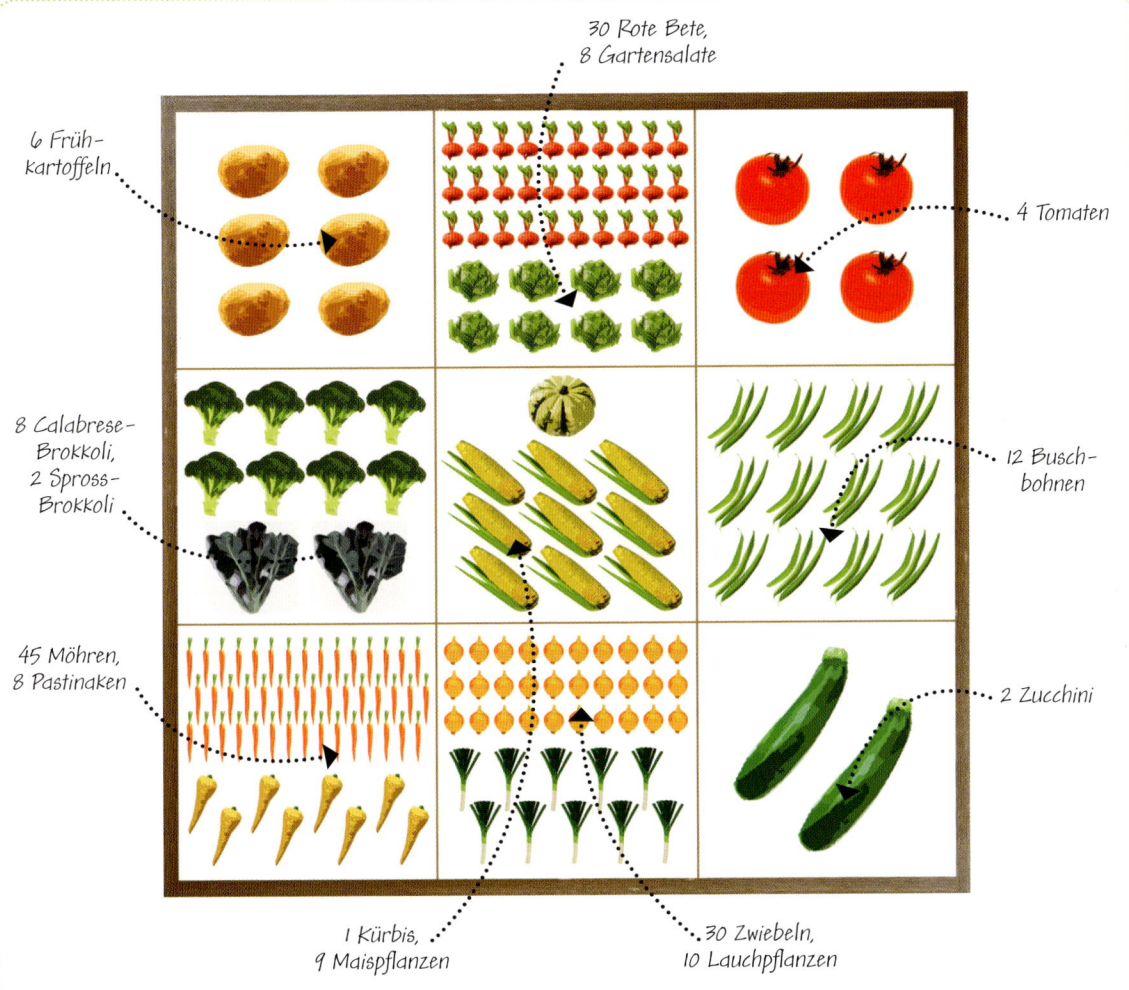

30 Rote Bete,
8 Gartensalate

6 Früh-
kartoffeln

4 Tomaten

8 Calabrese-
Brokkoli,
2 Spross-
Brokkoli

12 Busch-
bohnen

45 Möhren,
8 Pastinaken

2 Zucchini

1 Kürbis,
9 Maispflanzen

30 Zwiebeln,
10 Lauchpflanzen

Für Familien

Mutige, die das Gemüserepertoire ihrer
Familie erweitern möchten, können sich
an diese Pflanzkombination wagen. Maxi-
male Produktivität auf kleinstem Raum ist
hier Trumpf: Ein Kürbis wächst unter hohen
Maishalmen, da er in dieser Umgebung gut
gedeiht. Einige Arten, etwa Gartensalate
und Tomaten, sind anspruchslos, andere wie
Mais nicht ganz unkompliziert. So wird der
Garten zum idealen Terrain für die Familie,
auf dem sie gemeinsam die ersten Erfolge
erzielen kann. Zwiebeln, Tomaten und Möhren

gehören zu den wohl beliebtesten Zutaten
von Familiengerichten – auf diesen wenigen
Quadratmetern reifen sie in stattlicher Zahl.
Mit dabei sind außerdem zwei Zucchini für
exotischere Rezepte. Herbst- und Winterge-
müse wie Brokkoli, Lauch und Pastinaken
liefern zum Saisonende Schmackhaftes, wenn
die meisten anderen Sorten bereits geerntet
sind. Wer zusätzlich ein paar süße Verlockun-
gen für Sommerdesserts dabeihaben möchte,
kann noch Erdbeeren an irgendeinem freien
Plätzchen unterbringen.

Fruchtwechsel

Damit spezialisierte Schädlinge und Krankheiten im Boden nicht überhandnehmen und Nährstoffe einseitig verbraucht werden, muss Gemüse jedes Jahr in einem anderen Teil des Gartens angebaut werden. Manche verwandten Arten haben ähnliche Bedürfnisse und können als Gruppe im dreijährigen Wechsel rotiert werden. Gelegentlich wird auch mit einem fünfjährigen Turnus gearbeitet.

Rote Bete

Möhren

Kartoffeln

Radieschen

1. Jahr: Wurzelgemüse

Zu dieser Gruppe gehören Kartoffeln, Rote Bete, Möhren, Lauch, Gartensalate, Radieschen, Zwiebeln, Pastinaken und Spinat. Sie kommen dorthin, wo im Jahr zuvor die Mitglieder der Kohlfamilie wuchsen. Wurzelgemüse hat keinen hohen Stickstoffbedarf, ist also ideal als Nachfolger von Kohlgewächsen, die dem Erdreich viel Stickstoff entzogen haben. Im Jahr darauf ersetzt man Wurzelgemüse durch Erbsen, Bohnen und Fruchtgemüse.

Bohnen

Tomaten

2. Jahr: Erbsen und Bohnen

Erbsen, Bohnen und Fruchtgemüse werden normalerweise dort gepflanzt, wo zuvor Wurzelgemüse das Feld geräumt hat. Zur Gruppe zählen außerdem Auberginen, Sellerie, Zucchini, Kürbisse, Mais, Chilis und Tomaten.

Erbsen und Bohnen sammeln Stickstoff aus der Luft und fixieren ihn im Boden. Damit düngen sie ihn, was den Nachfolgesaaten – stickstoffhungrigen Kohlgewächsen – sehr gut zupasskommt.

Blumenkohl

Kopfkohl

3. Jahr: Kohlgewächse

Zu dieser Gruppe zählen Brokkoli, Blumenkohl, Rosenkohl, Grünkohl, Steckrüben und Speiserüben. Sie brauchen viel Stickstoff und sollten daher in Beete gepflanzt werden, in denen vorher Hülsenfrüchte wie Bohnen und Erb-sen wuchsen. Gerade Kohlgewächse müssen regelmäßig umgesiedelt werden, denn sie sind besonders anfällig für Krankheitserreger im Boden wie die Kohlhernie, die jahrelang im Erdreich bleibt und gegen die es kein Mittel gibt.

Kompost und Laubhumus ansetzen

Komposthaufen leisten gute Dienste, wenn man mehr als nur ein paar Gemüsepflänzchen in Töpfen heranziehen möchte. Sie brauchen wenig Platz und lassen sich leicht in einer Gartenecke verstecken. Alternativ kann Laubhumus als Bodenverbesserer angesetzt werden.

Teebeutel zersetzen sich zu bestem Kompost.

Natürlich dürfen Schälreste auf den Kompost.

Küchenabfälle recyceln

Komposthaufen füllen

Kompost wenden

Kompostieren

Ein Komposthaufen sollte einen Mix aus kohlenstoffhaltigem Material wie geschreddertem Zeitungspapier oder Holzschnipseln und stickstoffreicher Substanz wie Küchenabfällen enthalten. Man hält den Kompost warm, indem man ihn abdeckt, etwa mit Karton. Alle paar Wochen wird er gewendet. Nach 2–3 Monaten sollte normalerweise aus der Mischung nährstoffreiche, würzig duftende Komposterde bzw. Humus geworden sein.

Tipp Herbstlaub gibt es zum Saisonende naturgemäß in Hülle und Fülle – und auch noch kostenlos! Man kann es in wertvollen, bodenverbessernden Laubhumus verwandeln.

Mit Wasser zersetzen sich die Blätter schneller.

Laubhumus ansetzen

Laubhumus hat zwar weniger Nährstoffe als Kompost, ist aber ein fantastischer Bodenverbesserer. Man sammelt im Herbst abgefallene Blätter und steckt sie in einen Müllsack. Wer einen Rasenmäher mit »Fangsack« hat, kann sie auch damit aufsammeln – zerkleinert zersetzen sie sich schneller. Trockenes Laub feuchtet man an, um den Prozess zu beschleunigen. An einem kühlen, trockenen Ort dauert es ca. zwei Jahre, bis aus dem Laub Humus geworden ist.

Lauch

Mit seinem mild zwiebelartigen Geschmack gehört Lauch
alias Porree zu den beliebtesten Wintergemüsen. In einer
Jahreszeit, in der der Garten sonst wenig hergibt, ist Lauch
eine Alternative zu Kohlgewächsen. Erntet man ihn jung,
kann man ihn als Babylauch genießen.

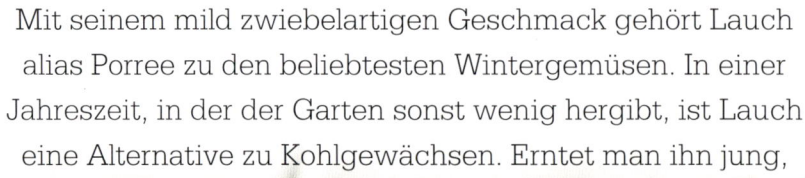

Volle Sonne   **Leichte Böden**

Sie brauchen

Lauchsamen

Topferde

Handschaufel

Biologisch abbaubare Multitöpfe

Gießkanne

Handgabel

Schere

Grabgabel und Rechen

Gut verrotteter Stallmist

Pflanzholz

Flüssigdünger

Schere   **Pflanz-holz**   **Biologisch abbau-bare Multitöpfe**

Topferde   **Verrotteter Stallmist**

Lauchsamen

Grabgabel

Gießkanne

Rechen   **Flüssigdünger**   **Hand-schaufel**   **Handgabel**

Lauch: *nach 30–32 Wochen erntereif*

Aussaat: *im Feb-ruar–März unter Glas oder einer Abdeckung*

Auspflanzen: *im Spätfrühling oder Frühsommer*

Anhäufeln: *um die Stangen zu bleichen*

Ernten: *vom Spätsommer bis in den Winter hinein*

1 Lauch kann schon im Februar unter Glas in biologisch abbaubare, mit Aussaaterde gefüllte Multitöpfe gesät werden. Gut anwässern und für eine Temperatur um 10 °C sorgen, da die Samen sonst nicht keimen.

Tipp In biologisch abbaubaren Töpfen können die Sämlinge ausgepflanzt werden, ohne dass das Wurzelsystem gestört wird.

In jedes Modul kommen 3–4 Samen.

Die Sämlinge müssen vor dem Auspflanzen schon ein ordentliches Wurzelsystem entwickelt haben.

2 Pflänzchen vorübergehend in ein geschütztes Saatbeet ins Freiland setzen, sobald sie groß genug sind und das Wetter im späten Frühjahr nicht allzu kühl ist.

Tipp Wässern Sie die Sämlinge gut, damit sie sich optimal entwickeln.

3 Sobald die Pflänzchen rund 25 cm hoch sind, werden sie an ihren endgültigen Standort umgesiedelt. Dazu mit einer Handgabel den Ballen vorsichtig aufnehmen, ohne Wurzeln und Blätter zu verletzen.

Nicht vergessen Graben Sie das Gemüsebeet um und arbeiten Sie reichlich gut verrotteten Mist ein, bevor Sie den Lauch hineinsetzen.

Für den letzten Umzug an den endgültigen Standort müssen die Lauchpflänzchen aus der Erde geholt werden.

4 Vor dem Einpflanzen die Wurzeln auf 2–3 cm zurückstutzen. So passen sie besser in die Löcher. Außerdem regt der Wurzelschnitt sie zu raschem Wachstum an.

5 Mit einem großen Pflanzholz etwa 3 cm breite und 15 cm tiefe Löcher mit 25 cm Abstand zueinander in die Erde stechen. Je einen Lauch so in jedes Loch schieben, dass nur noch die Spitze herausragt.

Tipp Wenn man kleinen, noch zarten Babylauch ernten möchte, genügen 10 cm Abstand.

Stecken Sie die Pflänzchen in die Löcher, ohne die Erde anzudrücken.

Diese Wurzeln müssen noch gestutzt werden.

6 Keine Erde in die Löcher mit den Pflänzchen füllen, sondern nur gründlich wässern, sodass lose Erde hineingeschwemmt wird – die Pflänzchen brauchen für die Entwicklung dicker Stangen Spielraum. Während des Wachstums immer gut wässern.

Warum? Nur wenn man genug Platz um den Schaft der Pflänzchen lässt, können sie sich gut entwickeln.

Um die Pflänzchen sollte noch etwas Spiel sein.

Das Wasser sollte sich in den Löchern sammeln.

7 Mit zunehmendem Wachstum immer wieder Erde um die Lauchstangen anhäufeln. Dadurch werden die Stangen gebleicht und bleiben zart, da kein Licht mehr zu ihnen gelangen kann. Außerdem stehen sie so stabiler. Sind sie reif, werden sie mit einer Gabel aus der Erde gehebelt.

Pflege von **Lauch**

Lauch ist mit den Zwiebeln verwandt, bildet jedoch keine Zwiebeln, sondern zarte weiße Stangen. Anhäufeln und regelmäßiges Wässern hält die Pflanzen gesund.

Die Stangen sollten nach der Ernte bald verwertet werden.

Lauch ist ein wertvolles Winter-gemüse. Er liefert Frisches, wenn sonst wenig wächst.

Lauch kann den ganzen Winter im Beet bleiben. Ern-ten Sie ihn daher nur bei Bedarf.

Darauf sollten Sie achten

Lauchmotte und Zwiebelfliege Die Raupen der Lauchmotte fressen die Blätter und Triebe der Pflanze an, während die Zwiebelfliege die Wurzeln befällt und Fäulnis verursacht. Befallene Pflanzen müssen entfernt und vernichtet werden. Das soll Sie jedoch nicht von einer Lauchkultur abhalten, denn mit Insektennetzen lassen sich die Schädlinge wirkungsvoll fernhalten. Ein weiteres häufiges Problem ist der Lauchrost, doch es gibt widerstandsfähige Sorten zu kaufen.

Unkraut Jäten Sie den Boden um die Pflanzen regelmäßig, damit Unkraut nicht überhandnimmt: Unkraut nimmt dem Gemüse Nährstoffe weg, sodass es kümmern kann.

Platzgewinn Lauch darf fast den ganzen Winter im Beet bleiben, bis man ihn in der Küche verwertet. Wenn der Platz aber für andere Nutzpflanzen gebraucht wird, kann man ihn auch aufnehmen und an anderer Stelle in frische Erde einschlagen.

Auberginen

Um vollreife Früchte zu entwickeln, benötigten Auberginen
in unseren Breiten früher einen warmen, geschützten,
sonnigen Platz oder ein Gewächshaus. Seit es moderne
Hybriden und veredelte Formen zu kaufen gibt, kann man
sie selbst in kühlerem Klima auch im Freiland ziehen.

Volle Sonne

Feuchte Böden

Sie brauchen

Auberginensamen

Kleine und große Plastiktöpfe

Aussaaterde

Gießkanne

Grabgabel

Universalerde

Bambusstäbe und Schnur

Flüssigdünger

Schildchen

Handschaufel

Auberginen-samen

Universalerde

Handschaufel

Aussaaterde

Schildchen

Schnur

Gießkanne

Grab-gabel

Plastiktöpfe   **Flüssigdünger**

Bambus-stäbe

Auberginen: *nach 24–28 Wochen erntereif*

Aussäen: *unter Glas im zeitigen Frühjahr; für Wärme sorgen*

Auspflanzen: *nach dem letzten Frost, am besten ab Juni*

Stützen: *wenn sich die Früchte bilden und schwer werden*

Ernten: *vom Spätsommer bis in den Herbst hinein*

1 Kleine Plastiktöpfe oder Multitöpfe im zeitigen Frühjahr mit Aussaaterde füllen. Erde andrücken und vor dem Ansäen leicht wässern.

Tipp Auberginen können im Frühjahr zwar als Setzlinge gekauft werden, billiger aber ist die Aussaat und Vorkultur unter Glas.

Drücken Sie das Substrat in den Topf.

2 In jeden Topf bzw. jedes Modul nur einen Samen säen. Samen auf die Oberfläche legen und mit dem Finger, einem Pflanzholz oder einem Stift etwa 1 cm tief in die Erde drücken. Mit Erde bedecken. Gut wässern und Töpfe in einen beheizten Anzuchtkasten, ein Gewächshaus oder auf eine sonnige Fensterbank stellen.

3 Nach 7–10 Tagen sollten die Samen keimen. Sämlinge aus dem Anzuchtkasten nehmen, sobald sie etwa 6 cm hoch sind, und in ein Gewächshaus oder auf eine Fensterbank stellen, bis sie umgetopft werden können.

Nicht vergessen Werfen Sie gelegentlich einen Blick auf die Pflanzen, ob sie nicht zu groß für ihren Topf werden, und wässern Sie regelmäßig.

Nehmen Sie die Sämlinge aus dem Anzuchtkasten, wenn sie etwa so groß wie hier sind.

Prüfen Sie gelegentlich, ob das Substrat feucht genug ist, und wässern Sie bei Bedarf.

Drücken Sie den kleinen Topf in den großen, um ein Pflanzloch für den Sämling zu schaffen.

4 Sobald Wurzeln durch die Abzugslöcher wachsen, Pflanze in einen größeren, mit Universalerde gefüllten 30-cm-Topf umsetzen.

Tipp Bleiben die Pflanzen im Gewächshaus, ist der Topf ihre letzte Station.

5 Sobald keine Frostgefahr mehr besteht, können die Pflanzen ins Freiland umgesiedelt werden. Nach dem Abhärten mit 60–75 cm Abstand an einen warmen, geschützten Platz in gut vorbereitete Erde pflanzen.

Nicht vergessen Vor dem Auspflanzen müssen die Auberginen unter einem Vordach oder in einem Frühbeet abgehärtet werden (siehe S. 74).

Dieses Exemplar hat ein gut entwickeltes Wurzelsystem und kann ausgepflanzt werden.

Wenn die Pflanzen höher werden, stützt man sie mit Stäben und einer Schnur.

6 Die Pflanzen mit Stäben stützen (siehe S. 77). Ist der Haupttrieb etwa 30 cm hoch, entfernt man ihn oder zwickt seine Spitze ab. Triebe mit Früchten mit Schnüren oder einem Netz stützen, wenn sie zu schwer werden.

Nicht vergessen Auberginen müssen regelmäßig gewässert und einmal wöchentlich mit einem Kalidünger gedüngt werden.

7 Die Stiele können hart und holzig sein, daher schneidet man Auberginen mit der Gartenschere von der Pflanze. Regelmäßiges Ernten regt die Pflanze zur Bildung weiterer Früchte an. Auberginen rasch verwerten, da sie nicht lange halten.

Aufgepasst! Ausgereifte Früchte nicht zu lange an der Pflanze lassen, da die Schale sonst stumpf und überreif wird.

Für einen sauberen Schnitt braucht man eine gut geschliffene Gartenschere.

So sieht eine gut geratene, glänzende, erntereife Aubergine aus.

Pflege von **Auberginen**

Auberginen sind schwerer zu kultivieren als manch anderes Gemüse. Doch der Aufwand ist die Mühe wert: Jede gesunde Pflanze belohnt Sie mit 4–6 Früchten.

Beim Ernten lässt man einen Teil des Stiels an der Frucht.

Auberginen sind schwer und müssen gestützt werden, damit die Pflanzen durch ihr Gewicht keinen Schaden nehmen.

Wird eine Frucht geerntet, kann die Pflanze ihre Energie in das Ausreifen weiterer, noch nicht reifer Früchte stecken.

Darauf sollten Sie achten

Kleine Früchte Regelmäßiges Wässern regt die Früchte zu voller Entwicklung an. Während des Wachstums müssen die Pflanzen konstant mit Wasser versorgt werden. Sobald die ersten Blüten erscheinen, düngt man, aber nicht mit einem herkömmlichen Volldünger, sondern mit einem kaliumreichen Präparat, das die Fruchtentwicklung fördert.

Durchhängende Triebe Auberginen sind schwere Früchte. Deshalb müssen die Pflanzen gestützt und mit Schnüren fixiert werden, damit die Triebe nicht umknicken.

Konkurrenz durch Unkraut Jäten Sie den Bereich um die Pflanzen gut, damit Unkraut ihnen nicht Wasser und Nährstoffe streitig macht. Wer Auberginen im Freiland kultiviert, sollte das Erdreich regelmäßig hacken.

Spargel

Die jungen Stangen sind für viele das Gourmetgemüse
schlechthin. Geduld ist hier der Schlüssel zum Erfolg: Man
darf die Pflanze in den ersten drei Jahren nicht ernten.
Dann allerdings weiß man: Das Warten hat sich gelohnt!

Volle Sonne

Leichte Böden

Sie brauchen

Spargelklauen

Gut verrotteter Stallmist

Spaten

Grabgabel

Rechen

Bambusstäbe mit Schnur

Schere

Gießkanne

Flüssigdünger

Spargelmesser

Gut verrotteter Stallmist

Bambusstäbe

Gießkanne

Grabgabel

Spaten

Rechen

Schere

Schnur

Spargel-messer

Flüssigdünger

Spargel: *nach 3 Jahren erste Ernte möglich*

Vorbereiten: *den Boden im zeitigen Frühjahr bearbeiten*

Einpflanzen: *die Spargelklauen im Frühjahr in die Gräben setzen*

Nach 3 Jahren: *Etwa 10 Wochen ab Frühjahr bis Juni ernten*

1 Den Standort mit Sorgfalt auswählen, da die Pflanzen bis zu 20 Jahre im Boden bleiben. Im Jahr vor dem Pflanzen reichlich gut verrotteten Stallmist oder Kompost einarbeiten und den Boden gut vorbereiten (siehe S. 15).

Tipp Spargel lässt sich auch aus Samen ziehen, einfacher aber ist es, ihn im Frühjahr als sogenannte wurzelnackte Klauen zu kaufen.

Stechen Sie den Boden mit dem Spaten um und holen Sie alle mehrjährigen Kräuter heraus.

Brechen Sie den Boden gut auf.

2 Sobald der Boden gut vorbereitet ist, mit dem Spaten oder einer Ziehhacke einen 30 cm breiten und 15 cm tiefen Graben ausheben.

Tipp Bedecken Sie den Boden des Grabens mit Universalerde, damit die Pflanzen optimale Bedingungen haben, wenn sie zu wachsen beginnen.

3 Auf dem Boden des Grabens einen Wall aufhäufen. Sein oberes Ende sollte knapp unter Bodenniveau sein. Klauen mit 15 cm Abstand auf den Wall setzen, sodass sich ihre Spitzen genau auf Bodenhöhe befinden. Erde in den Graben zurückfüllen.

Warum? Durch den Wall wird die Durchlässigkeit verbessert. In Sandböden braucht man keinen solchen Wall.

Die Klauen kommen so auf den Wall, dass sich die Mitte der Pflanze am höchsten Punkt befindet.

Die Klauen sollten gut in den Graben passen und nicht an die Seiten stoßen.

Die Stangen werden
10 Wochen lang
geerntet. ······

Halten Sie die
Stange beim Kap-
pen gut fest, damit
sie nicht abbricht. ······

4 Spargelstangen erst nach drei Jahren zu ernten beginnen; erntet man früher, kann die Pflanze kein ausreichendes Wurzelsystem bilden und geht ein. Mit einem Spargelmesser die Stangen knapp unter dem Boden abtrennen.

Tipp Wer keinen Spargelstecher hat, verwendet eine Gartenschere.

Pflege von **Spargel**

Das Luxusgemüse ist nach dem Einwachsen recht unkompliziert. Wenn Sie den Boden gut vorbereitet haben, dürfen Sie sich viele Jahre lang über Kostlichkeiten freuen.

Darauf sollten Sie achten

Fiedriges Laub Nach 10 Wochen Erntezeit stellt man das Spargelstechen ein, damit die Pflanze ihr fiedriges Laub entwickeln kann. Wenn es sich im Herbst gelb färbt, wird es bis zum Boden zurückgeschnitten und auf den Kompost geworfen.

Spargelhähnchen Halten Sie Ausschau nach den hellroten Spargelhähnchen. Den Schädling von Hand ablesen.

Umfallende Pflanzen Das hohe Laub des Spargels kann gestützt werden, damit es nicht auf andere Gartenpflanzen fällt (siehe S. 77).

Unkraut Spargelbeete müssen unkrautfrei bleiben. Man mulcht sie jedes Jahr im Herbst mit organischer Substanz, damit die Feuchtigkeit im Boden besser gespeichert wird. Im Frühjahr bringt man einen Volldünger aus.

Es dauert ein paar
Jahre, bis Spargel
erntereif ist. Doch das
Warten lohnt sich. ······

Artischocken

Artischocken sind ein Gourmetgemüse und mit ihrem silbrigen, distelartigen Laub zudem eine dekorative Bereicherung jedes Gartens. Ihren Standort sollte man jedoch mit Bedacht wählen, denn sie sind eine langfristige Investition und können erst im zweiten Jahr geerntet werden.

Volle Sonne

Feuchte Böden

Sie brauchen

Artischockensamen oder -ableger

Saatschale

Universalerde

Anzuchtkasten

Plastiktöpfe

Gießkanne

Grabgabel und Handschaufel

Rechen

Gut verrotteter Dung

Gartenschere

Universalerde

Handschaufel

Gut verrotteter Dung

Anzuchtkasten

Saatschale

Gieß-kanne

Rechen

Grabgabel

Gartenschere   **Plastiktöpfe**

Artischocken: *nach einem Jahr erntereif*

Aussäen: *vom Spätwinter bis zum Frühjahr bei guter Wärme*

Umtopfen: *im Spätfrühling nach dem Abhärten*

Ernten: *die Blüten von Spätsommer bis Herbst abschneiden*

1 Samen 2 cm tief mit 2 cm Abstand aussäen. Gut wässern und warm stellen. Nach dem Austreiben umtopfen.

Tipp Man kann Artischocken zwar aus Samen oder aus Ablegern einer älteren Pflanze ziehen, am einfachsten aber ist es, sich Setzlinge aus dem Gartencenter zu besorgen.

Die Samen sollten in einem beheizten Anzuchtkasten ausgesät werden, da sie dort besser keimen.

Zum Abhärten werden die Pflänzchen 10 Tage lang tagsüber nach draußen gestellt.

2 Die Sämlinge, ob gekauft oder selbst gezogen, im späten Frühjahr ins Freiland setzen, davor jedoch abhärten (siehe S. 74). Den Boden durch gründliches Jäten und Einarbeiten von reichlich gut verrottetem Stallmist vorbereiten. Pflänzchen mit 1,5 m Abstand einpflanzen. In den ersten Monaten gut wässern, damit sie ein kräftiges Wurzelwerk entwickeln.

3 Die Artischocken können geerntet werden, sobald sie apfelgroß sind und noch geschlossene Schuppen haben. Nicht warten, bis sich die Blüte öffnet! Blüte mit einem scharfen Messer oder einer Gartenschere abschneiden.

Tipp Nach der ersten Ernte kann die Pflanze noch Knospen an Seitentrieben bilden, die ebenfalls geerntet werden können.

Beim Abschneiden der Blüte vorsichtig sein – die Stängel sind zäh und holzig.

Mit einer Gartenschere werden die dicken Stängel sauber durchtrennt. ·········

4 Da Artischocken mehrjährig wachsen und jahrelang Blüten liefern, müssen sie den Winter über gut gepflegt werden, da sie bei strengem Frost erfrieren können. Die Triebe bis zum Boden zurückschneiden, dann die Pflanze mit einer dicken Stroh- oder Rindenmulchschicht bedecken.

Tipp Ist die Frostperiode im Frühjahr vorbei, schiebt man den Mulch beiseite und arbeitet ihn ein.

Pflege der **Artischocken**

Der Aufwand für das Feinschmeckergemüse lohnt sich. Sobald die Pflanzen eingewachsen sind, liefern sie jahrelang Delikatessen.

Darauf sollten Sie achten

Blattläuse Diese allgegenwärtigen Schädlinge machen auch vor Artischocken nicht halt. Sie breiten sich auf den Blütenknospen und Trieben aus, saugen Saft und lassen frische Triebe verkümmert wachsen. Man wäscht die Läuse von der Pflanze, wenn möglich, oder rückt ihnen zur Not mit einem geeigneten Insektizid zu Leibe. Gutes Wässern und Düngen hilft den Pflanzen, sich von einem Befall zu erholen. Krankheiten sind bei Artischocken sehr selten.

Artischocken sind stattliche Pflanzen und bereichern auch Blumenbeete. ·············

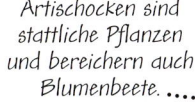

Kräuterparterre

Ein sogenanntes Parterre ist ein geometrisch bepflanztes Beet mit Kräutern, Blüten oder Gemüse. Es wird von immergrünen Hecken eingefasst und fällt oft auch durch unterschiedliche Laubfarben ins Auge. Sie können dieses dekorative Gartenelement aber ganz nach Ihrem Gusto gestalten.

Volle Sonne **Leichte Böden**

Sie brauchen

Eine Auswahl von Kräutern wie Rosmarin, Lavendel, Thymian und Currystrauch, evtl. Lorbeer und Buchsbaum

Gartenkies

Spaten

Rechen

Unkrautfolie

Handschuhe

Maßband

Kreide und kurze Pflöcke oder Stäbe

Teppichmesser

Handschaufel

Schiefersplitt

Gießkanne

Gartenschere

Handschuhe

Schiefersplitt

Teppichmesser

Kräuterpflanzen

Handschaufel

Unkrautfolie

Spaten

Rechen

Gartenschere

Gartenkies

Kräuter: *nach 4–16 Wochen erntereif*

Boden vorbereiten: *Kies im Frühjahr einarbeiten*

Auspflanzen: *von Mai bis Juni*

Stutzen: *Buchsbäume im Hochsommer in Form bringen*

Ernten: *Blätter ganzjährig nach Bedarf*

1 Die meisten Kräuter mögen es trocken und brauchen daher stark durchlässige Böden. Den Boden gut umgraben und einen Eimer Kies pro Quadratmeter einarbeiten.

Nicht vergessen Schwere Tonböden müssen mit besonders viel Kies verbessert werden, da sie kaum durchlässig für Wasser sind (siehe S. 12–13).

Kies verbessert die Durchlässigkeit des Bodens.

Der Boden wird vor dem Bepflanzen eben geharkt.

Entfernen Sie große Steine und Unkrautreste von der Oberfläche.

2 Boden nach dem Einarbeiten von Kies eben harken und Steine sowie Unkräuter entfernen. Am besten geht das mit einem Erdrechen aus Edelstahl. Boden in beiden Richtungen festtreten, um Lufteinschlüsse zu entfernen, und noch einmal darüberharken.

Aufgepasst! Mehrjährige Unkräuter komplett entfernen, denn sie treiben selbst aus Wurzelresten wieder aus.

3 Prüfen, ob die Fläche eben ist (ggf. mit einer Wasserwaage), dann mit Unkrautfolie bedecken. Die Folie verhindert, dass Unkräuter keimen, und bewahrt die Feuchtigkeit im Boden, sodass weniger gewässert werden muss.

Tipp Die Ränder der Folie werden mithilfe eines Spatens in den Boden eingearbeitet, damit sie gut fixiert sind.

Unkrautfolie verhindert, dass sich Unkraut breitmacht und die Pflanzung ruiniert.

4 Mit einem Maßband und Kreide das Pflanzmuster auf die Folie zeichnen. Ggf. können zusätzlich Pflöcke zum Fixieren der Folie eingeschlagen werden.

Tipp Halten Sie das Pflanzschema einfach. Ein zu kompliziertes Muster wirkt wirr.

Mit Pflöcken markiert man den Standort der Pflanzen.

5 Entlang der Kreidemarkierung mit dem Teppichmesser kleine Pflanzlöcher für die Buchsbaumhecke in 20-cm-Abständen in die Folie schneiden. Mit einer Handschaufel ein Loch in den Boden darunter graben und Buchsbäume durch die Folie pflanzen. Pflänzchen gut mit der Hand festdrücken.

6 Alle Buchsbäumchen entlang der vorgegebenen Linie pflanzen. Kräuterpflänzchen noch in ihren Töpfen auf der Folie arrangieren. Verschiedene Arrangements ausprobieren, bis ein Muster entsteht, das Ihnen gefällt.

Tipp Mit größeren Exemplaren wie dem Lorbeer im Topf schafft man einen zentralen Blickfang.

7 Sobald das Arrangement feststeht, die Pflänzchen wie in Schritt 5 einpflanzen. Mit einer Bürste Erdreste von der Folie wischen. Den Schiefersplitt auf der Folie verteilen, um die Lücken zu kaschieren und dem Parterre ein dekoratives Aussehen zu geben.

Tipp Kürzen Sie langtriebige Kräuter um ein Drittel ein, um einen buschigen Wuchs zu fördern.

.... *Statt Schiefersplitt kann auch Kies verwendet werden.*

Pflege des **Kräuterparterres**

Ideal positioniert ist das Parterre vor dem Küchenfenster. Ist es einmal eingewachsen, braucht es nicht mehr viel Pflege und beliefert Ihre Küche konstant mit Kräutern.

Lavendel bietet nicht nur hübsche Blüten, sondern auch aromatisches Laub.

Rosmarin ist fester Bestandteil des immergrünen Arrangements.

Die Buchs- bäume dienen als Einfassung.

Darauf sollten Sie achten

Unkräuter Mit der Unkrautfolie auf dem Boden sollte das Parterre größtenteils unkrautfrei bleiben. Trotzdem muss man die Fläche gelegentlich durchgehen und unerwünschte Pflanzen entfernen. Zupfen Sie sie mit der Hand aus, da eine Hacke nur die Folie aufreißt.

Nicht zu viel wässern Die hier vorgeschlagenen Kräuter stammen überwiegend aus dem Mittelmeerraum und müssen außer nach dem Einwurzeln kaum noch gewässert werden.

Kiesschicht Falls Lücken im Kies entstehen, füllt man alle paar Jahre ein paar Eimer nach.

Langtriebige Pflanzen Lavendel und Rosmarin sollten nach der Blüte etwas gestutzt werden. Lavendel darf jedoch nicht bis in altes Holz zurückgeschnitten werden, weil er sonst nicht mehr austreibt. Die Buchsbaumhecke sollte man nach dem letzten Frost sauber zurechtschneiden, denn sie ist ein Strukturgeber und muss ihre geometrische Form behalten.

Rasenkanten Falls das Parterre in einer Rasenfläche angelegt wurde, müssen die Ränder regelmäßig neu gestochen werden, damit das Gras nicht in das Parterre hineinzuwachsen beginnt.

Heidelbeeren im Topf

Heidelbeeren eignen sich perfekt für die Topfkultur: Sie brauchen saure Erde, die man ihnen im Gefäß wesentlich einfacher bieten kann als im Freiland. Sie tragen saftige, aromatische Beeren und setzen auch mit ihren weißen Blüten im Frühjahr Akzente. Im Herbst wiederum verabschieden sie sich mit rot und orange leuchtendem Laub.

Volle Sonne

Leichte Böden

Sie brauchen

Heidelbeerpflanze

Moorbeeterde bzw. Rhododendrenerde

Großes Gefäß

Tonscherben

Gießkanne: Heidelbeeren müssen mit Regenwasser gegossen werden, damit das Erdreich sauer bleibt

Reiner Eisendünger

Moorbeeterde

Reiner Eisendünger

Heidelbeere

Gießkanne

Tonscherben

Gefäß

Heidelbeeren: *nach 12–14 Wochen erntereif*

Eintopfen: *im Herbst oder Frühjahr*

Schützen: *zur Abwehr von Vögeln ein Netz über den Strauch legen*

Ernten: *vom Spätsommer bis zum Frühherbst*

1 Den Heidelbeerstrauch aus dem Plastiktopf holen und den Ballen etwa 20 Minuten lang in einem Eimer mit Regenwasser einweichen. Einen dekorativen, etwa 40 cm breiten Topf auswählen. In den Topf Tonscherben legen, um den Wasserabzug zu verbessern. Eine Schicht hochwertige Moorbeeterde hineinfüllen und den Plastiktopf daraufstellen. Um den Topf herum weitere Erde einfüllen.

Moorbeeterde wird für Pflanzen verwendet, die saures Substrat brauchen.

Der Topf sollte frostfest sein.

Befüllen Sie den Topf nicht zu hoch mit Erde, sonst schwappt Wasser beim Gießen heraus.

2 Erde gleichmäßig verteilen und festdrücken. Zwischen Erde und Topfrand sollten noch einige Zentimeter frei bleiben, sodass die Oberseite des Ballens und die Erdoberfläche auf einer Höhe sind.

Nicht vergessen Vor dem Bepflanzen sollte man den Topf an seinen endgültigen Standort an einem warmen, geschützten Platz stellen. Später ist er zu schwer.

3 Den Plastiktopf aus dem großen Topf nehmen und die Pflanze in das Loch setzen – der Wurzelballen sollte exakt hineinpassen. Die Oberfläche des Ballens und die der Erde im Topf sollten auf gleicher Höhe sein.

Aufgepasst! Mulchen Sie den Topf nicht mit verrottetem Mist, das kann das saure Milieu verändern. Verwenden Sie besser Kies, Schiefer oder Muschelschalen.

Die Wurzeln werden vor dem Einpflanzen etwas gelockert.

4 Den Strauch im Sommer mit einem Netz vor Vögeln schützen, die die Beeren stehlen. Dazu ein Stangenzelt aus Haselnusssstecken oder Weidenruten errichten und das Netz darüberlegen.

Aufgepasst! Heidelbeeren müssen mit Regenwasser gegossen werden, weil es saurer ist als Leitungswasser. Schließen Sie eine Regentonne an die Dachrinne an.

Das Netz muss am Boden befestigt werden, damit Tiere nicht darunter hindurchkriechen können.

Pflege von **Heidelbeeren**

Heidelbeeren gedeihen in feuchten, sauren Böden in der Sonne. Wenn man sie in Moorbeeterde pflanzt und mit Regenwasser wässert, fühlen sie sich rundum wohl.

Darauf sollten Sie achten

Diebe Vögel können im Nu einen ganzen Strauch leeren. Sie sind die größte Gefahr für den Strauch. Sobald die Beeren reifen, muss man sie mit einem Netz daran hindern, an die Beeren zu gelangen.

Langtriebiger Wuchs Heidelbeeren werden im zeitigen Frühjahr noch vor dem Austrieb leicht geschnitten. Man nimmt einen Teil des älteren Holzes bis zum Ansatz der Pflanze heraus und entfernt außerdem abgestorbene und verletzte Triebe (mehr dazu auf S. 176–179).

Sobald die Beeren blau werden, kann man sie abzupfen.

Ebenfalls empfehlenswert ▶ ▶ ▶

Erdbeeren im Topf

Volle Sonne

Leichte Böden

Sie brauchen

10 Erdbeerpflanzen

Erdbeertopf aus Ton

Universalerde

Tonscherben

Langzeitdünger

Gießkanne

Mit ihrem kriechenden Wuchs eignen sich Erdbeeren bestens für Pflanzgefäße. Bei guter Pflege liefern sie 2–3 Jahre lang Beeren.

EINPFLANZEN

Die Erdbeerpflanzen werden im Frühjahr gekauft. Legen Sie Tonscherben über die Abzugslöcher und füllen Sie bis zur untersten Pflanzöffnung Erde in den Topf. Setzen Sie nun eine Pflanze so in die unterste Öffnung, dass der Wurzelballen im Gefäß festsitzt. Anschließend füllt man weitere Pflanzerde bis zur zweiten Öffnung in den Haupttopf. So geht es weiter, bis alle Öffnungen bepflanzt sind. Zum Schluss setzt man ein, zwei Erdbeerpflanzen obenauf und drückt sie fest, wobei sich die Substratoberfläche einige Zentimeter unter dem Topfrand befinden muss. Füllt man die Erde bis zum Rand ein, schwappt Wasser beim Gießen heraus. Zum Schluss wird gut gewässert.

STANDORT

Der Erdbeertopf kommt an einen geschützten, vollsonnigen Standort auf einer Terrasse. Man kann ihn auf Ziegel stellen, damit das Wasser besser abläuft.

PFLEGE

Sobald die Erdbeeren blühen, gibt man ihnen jede Woche einen Tomatendünger.

ERNTE

Wann geerntet wird, hängt von der Erdbeersorte ab. Einmaltragende Erdbeeren fruchten im Juni und Juli, wobei zusätzlich zwischen früh, mittel und spät tragenden Sorten unterschieden wird. Immertragende bzw. Monatserdbeeren setzen weniger Früchte an, fruchten aber vom Sommer bis in den Herbst hinein. Geerntet wird mitsamt Stiel, sobald die Beeren rot werden.

NACH DER ERNTE

Der Topf wird im Sommer jeden Tag gewässert. Man muss das Substrat gut einweichen, sonst bleiben die untersten Erdbeeren trocken. Altes, unansehnliches Laub wird abgeschnitten, damit frische, junge Blätter mehr Licht bekommen.

ÜBERWINTERN

Erdbeeren profitieren von einem Standort im Kalthaus den Winter über, doch kann man sie auch auf eine Veranda oder einen anderen geschützten Platz stellen. Sie fruchten noch etwa 2–3 Jahre lang.

Birnbaum im Topf

**Volle
Sonne**

**Leichte
Böden**

Sie brauchen

Birnbaum

Großes Gefäß

Tonhaltiges Substrat

Tonscherben

Langzeitdünger

Gartenschere

Birnbäume sind mit ihren Frühjahrsblüten und den himmlischen Früchten eine Bereicherung für jeden Garten. Zieht man das Gehölz in einem Topf, bleibt es klein und kompakt und lässt sich leicht abernten.

EINPFLANZEN

Nehmen Sie das Bäumchen aus dem alten Topf und weichen Sie den Ballen eine Stunde lang in einem Eimer Wasser ein. In der Zwischenzeit bedeckt man den Boden des neuen Gefäßes mit Tonscherben und gibt eine Lage Substrat darauf. Vor dem Pflanzen werden die Wurzeln gelockert. Dann setzt man den Ballen so in den Topf, dass sich seine Oberfläche 5 cm unter dem Topfrand befindet.

Stellen Sie das Bäumchen aufrecht in die Mitte des Topfs und füllen Sie Erde um den Ballen ein, bis das Gehölz genauso tief steht wie im alten Topf. Anschließend muss gut gewässert werden.

PFLEGE

Gutes Gießen ist vor allem im Sommer wichtig. Vögel picken die Birnen gern an, weshalb man ein Netz darüberspannt, sobald sie reifen. Alle 2–3 Jahre sollte der Birnbaum in frisches Substrat umgetopft werden. Lockern Sie den Wurzelballen vorsichtig, damit er besser einwächst, und geben Sie frischen Dünger in das Substrat. Jedes Jahr mit gut verrottetem Mist mulchen.

ERNTE

Der Baum trägt in der Regel jedes Jahr. Beim Abzupfen dürfen die Birnen nicht verletzt werden. Man erntet sie am besten leicht unreif und lässt sie drinnen fertigreifen. Ob sie sofort gegessen werden müssen oder ein paar Wochen gelagert werden können, hängt von der jeweiligen Sorte ab.

SCHNITT

Birnbäume können einen leichten Schnitt im Frühjahr gut gebrauchen, da er sie zu neuem Wuchs anregt. Entfernen Sie überkreuzte, abgestorbene und kranke Äste. Dünnt man unreife Früchte im Sommer aus, werden die verbliebenen größer.

Pflaumenbaum

Saftige, süße Pflaumen, frisch vom Baum genascht, sind ein sommerlicher Hochgenuss. Wo Platz knapp ist, pflanzt man eine selbstbestäubende Sorte auf einer schwachwüchsigen Unterlage. Pflaumenbäume werden im Frühjahr und Sommer bzw. Frühherbst geschnitten.

Volle Sonne

 Feuchte Böden

Sie brauchen

Pflaumenbaum

Grabgabel

Gut verrotteter Dung

Rechen

Stützpfahl und Baumbinder

Gießkanne

Flüssigvolldünger

Gartenschere

Gut verrotteter Dung

Garten-schere

Gießkanne

Grabgabel

Rechen

Stützpfahl

Baum-binder

Flüssigvolldünger

Pflaumen: *nach 14–16 Wochen erntereif*

● **Pflanzen:** *Wurzelware Herbst und Frühjahr, Topfware ganzjährig*

● **Mulchen:** *mit organischer Substanz nach dem Pflanzen*

● **Ausdünnen:** *unreife Pflaumen im Frühsommer*

● **Ernten:** *die reifen Früchte im Sommer und Herbst*

1 Pflaumenbäume werden am besten im Herbst gepflanzt, wenn der Boden noch warm ist. So kann der Baum bis zum Austrieb im Frühjahr einwachsen. Ein großes Loch ausheben, in das der Wurzelballen passt. Der Ballen muss genauso tief gepflanzt werden, wie er zuvor im Topf stand. Er darf weder zu tief sitzen, weil der Stamm sonst fault, noch zu hoch, da die Wurzeln dadurch leichter vertrocknen.

Der Baum muss beim Einpflanzen gerade stehen.

Legen Sie einen Stab über das Pflanzloch, damit der Baum in der richtigen Tiefe sitzt.

2 Den Stützpfahl vor dem Pflanzen des Baums in den Boden schlagen. Baum in das Pflanzloch setzen. Loch mit dem Aushub auffüllen, vorher etwas Langzeitdünger dazumischen. Baum mit einem Baumbinder gut am Pfahl befestigen.

Aufgepasst! Schlagen Sie den Pfahl vor dem Pflanzen des Bäumchens ein, sonst verletzen Sie die Wurzeln.

3 Nach dem Einpflanzen des Baums eine 5 cm dicke Lage gut verrotteten Stallmist oder Gartenkompost auf dem Wurzelraum verteilen. Der Stamm darf aber mit dem Mulch nicht in Berührung kommen, sonst kann er faulen.

Warum mulchen? Die Mulchschicht hindert Bodenfeuchtigkeit am Verdunsten und unterdrückt außerdem Unkraut.

Der Mulch muss gleichmäßig verteilt werden.

Zwischen Mulch und Stamm müssen 5 cm Abstand bleiben, damit das Holz nicht fault.

4 Neu gepflanzte Pflaumenbäume müssen regelmäßig gewässert werden, bis sie gut eingewurzelt sind. Eingewachsene Gehölze kommen mit Trockenperioden zurecht, fruchten aber besser, wenn sie bei länger ausbleibendem Regen gegossen werden. Baum im Frühjahr wieder mulchen und mit Langzeitdünger düngen.

.... Der Wurzelbereich des Baums wird nach dem Einpflanzen gründlich gewässert.

Im ersten Jahr werden die unreifen Früchte früh vollständig abgezupft. ....

Wenn der Baum älter ist, dünnt man die Früchte auf 8 cm Abstand aus. ....

5 In den ersten Jahren nach dem Pflanzen den Fruchtansatz verhindern, damit sich Wurzel- und Astwerk entwickeln können. Dazu alle unreifen Früchte entfernen.

Nicht vergessen Nach dieser Startphase sollte man die Früchte im Frühsommer ausdünnen. Damit reduziert man zwar die Zahl der Pflaumen, bekommt aber größere, bessere Früchte.

6 Je nach Sorte reifen Pflaumen im September oder Oktober. Selbst an ein und demselben Baum können sie zu unterschiedlichen Zeiten reifen, sodass mehrere Erntedurchgänge ratsam sind.

Aufgepasst! Schneiden Sie nie im Winter. Warten Sie bis zum Austrieb im Frühjahr oder gleich bis zum Sommer oder Herbst. Mit der Gartenschere kleine, mit einer Säge größere Zweige entfernen.

.. Pflaumen sind erntereif, wenn ihr Fleisch weich zu werden beginnt.

Pflege von **Pflaumenbäumen**

Frische Pflaumen sind eine sommerlich-fruchtige Verführung par excellence. Bei guter Pflege hat man viele Jahre lang Freude an den schönen Bäumen.

Diese unreife Pflaume bleibt noch am Baum, bis sie reif ist.

Diese Frucht ist bereits dunkler und weicher. Sie kann geerntet werden.

Wenn zu befürchten ist, dass Äste unter dem Gewicht der Früchte brechen, dünnt man ein wenig aus.

Suchen Sie das Laub gelegentlich nach Schädlingen ab.

Darauf sollten Sie achten

Trockener Boden Frisch gepflanzte Pflaumenbäume müssen den Sommer über regelmäßig gewässert werden. Später muss man nur noch bei längerer Trockenheit zum Gartenschlauch greifen. Ausgepflanzte Exemplare profitieren von einer Dosis Langzeitdünger im Frühjahr und einer Mulchschicht aus gut verrottetem Stallmist auf dem Wurzelraum.

Frost Die Blüten können Spätfrösten zum Opfer fallen. Mit einer Vliesdecke schützt man die Krone nachts vor Minustemperaturen.

Pflaumendiebe Die süßen Früchte sind für Vögel ein unwiderstehlicher Leckerbissen. Schützen Sie die Ernte ab dem Hochsommer daher mit einem Netz.

Verdichteter Wuchs Pflaumenbäume sollte man nur während des Wachstums im Frühjahr oder Sommer bzw. Frühherbst schneiden, nie hingegen in der winterlichen Ruhephase. Über die offenen Wunden können sonst Krankheitserreger eindringen. Lichten Sie verdichtete Triebe aus und entfernen Sie verletzte Triebe.

Ebenfalls empfehlenswert ▶ ▶ ▶

Kirschbaum

Volle Sonne

Leichte Böden

Sie brauchen

Kirschbaum

Spaten

Gut verrotteter Mist

Stützpfahl und Baumbinder

Netz

Volldünger

Gartenschere

AUSWAHL

Ist der Platz knapp, besorgt man sich selbstbefruchtende Sorten wie 'Stella', denn sie brauchen keinen zweiten Baum für die Bestäubung. Der Baum muss auf eine schwachwüchsige Unterlage wie Colt oder Gisela 5 bzw. 6 veredelt worden sein. So ist gewährleistet, dass er nicht zu groß wird und sich leichter schneiden und abernten lässt. Süßkirschen können frisch vom Baum genascht werden, Sauerkirschen sind für die Küche gedacht.

EINPFLANZEN

Ein geschützter, sonniger Platz ist für Kirschen ideal. Heben Sie ein Loch von der doppelten Breite des Wurzelballens und derselben Höhe aus. Am Rand des Lochs kommt ein Stützpfahl senkrecht in die Erde. Nun wird der Baum in das Loch gesetzt, das man zum Schluss mit einem Mix aus Dung und Aushub wieder auffüllt. Außerdem kann etwas Volldünger dazugemischt werden. Wurzelraum mulchen, Baum an den Pfahl binden und gut wässern.

PFLEGE

In den ersten beiden Jahren sollte man die Kirschen unreif abzupfen. So kann sich ein kräftiges Wurzelsystem und Astwerk entwickeln. Ab dem dritten Jahr darf geerntet werden. Mit einem Netz schützt man die Früchte vor hungrigen Vögeln.

SCHNITT

Süß- und Sauerkirschen müssen beide im Frühjahr oder Sommer geschnitten werden, doch unterscheidet sich der Schnitt bei beiden etwas, da sie an unterschiedlich altem Holz fruchten. Süßkirschen bilden fruchttragende Kurztriebe an älterem Holz aus. Beim Schneiden lässt man einige davon stehen und kürzt neue Triebe um die Hälfte ein, damit die Krone nicht zu dicht wird. Sauerkirschen tragen ihre Früchte dagegen an Holz vom Vorjahr. Sie schneidet man, indem man einen Teil des älteren Holzes entfernt und neue Triebe am Baum stehen lässt, damit sie noch fruchten können.

Gehölzschnitt

Bäume und Sträucher sollten wenigstens einmal im Jahr geschnitten werden – mitunter muss sogar zwei- und dreimal die Schere angesetzt werden. Durch einen Schnitt säubert man die Pflanze, regt sie zu frischem Wuchs an, lichtet verdichtetes Astwerk aus und lässt wieder mehr Sonnenlicht in die Krone. Vor allem aber entfernt man damit abgestorbenes und krankes Holz.

Steinfrüchte wie Kirsche, Pflaume und Pfirsich werden im Sommer geschnitten.

In eine hochwertige Gartenschere zu investieren lohnt sich.

Aus der Reihe tanzende Triebe entfernen

Das Aussehen verbessern

Überkreuzte Triebe herausnehmen

Auslichten

Obstbäume brauchen Sonne, damit Früchte reifen und die Ernte reich ist. Überkreuzte Zweige muss man herausnehmen, nicht nur weil sie aneinander reiben und Wunden entstehen, die Krankheitserregern als Eintrittspforten dienen, sondern auch, weil sie zu viel Schatten werfen. Das verursacht langtriebigen Wuchs auf Kosten der Früchte. Ein offenes Gerüst lässt Luft besser zirkulieren, was Krankheiten wie etwa Mehltau verhindert.

Aus dieser Knospe entwickelt sich keine Frucht mehr, weil der Zweig beschädigt ist. ....

Diese alte Schnittwunde ist perfekt geheilt und sauber. Der Haupttrieb wurde bis auf einen gesunden Nebentrieb zurückgeschnitten.

Dieser angebrochene Zweig muss entfernt und bis auf den Ansatz herausgenommen werden. ....

Angebrochener, krankheitsanfälliger Zweig

Dieser Bereich ist stark verdichtet. Fruchttriebe und Zweige müssen ausgedünnt werden.

Bemühen Sie sich stets um einen sauberen Schnitt. Zerfaserte Schnittränder sind krankheitsanfällig. ....

Mit einer Baumsäge kranke Äste abschneiden

Kranke Pflanzen schneiden

Kranke Zweige erkennt man an weichem, verwittertem, vernarbtem Wuchs oder sogar Wucherungen. Das Laub kann gelb, braun, gefleckt oder vertrocknet sein. Wenn die befallenen Zweige nicht sofort herausgenommen werden, kann sich die Krankheit auf die übrige Pflanze ausbreiten und sie absterben lassen. Schneiden Sie immer mit einem sauberen Schnitt bis auf gesundes Holz zurück. Danach das Werkzeug sterilisieren!

Heidelbeeren

Herbsthimbeeren

Ertragssteigerung

Obstbäume und -sträucher müssen gut geschnitten werden, damit Sonnenlicht die Fruchtknospen erreicht. Schneidet man sie überhaupt nicht, kann es sein, dass sie immer kleinere, geschmacklosere Früchte bilden und schließlich als verfilztes Gewirr aus Trieben enden. Das Auslichten regt sie zu höheren Erträgen an, die an gepflegten, gut gewachsenen Exemplaren obendrein wesentlich einfacher zu ernten sind. Allerdings gibt es für jedes Obstgehölz eine eigene Schnitttechnik zur Ertragsoptimierung. Heidelbeeren etwa

fruchten an jüngerem Holz und dürfen daher im Vorfrühling nur leicht geschnitten werden. Einige ältere Zweige kann man wegnehmen, das jüngere Holz aber sollte größtenteils an der Pflanze bleiben. Ältere Triebe von Sommerhimbeeren müssen nach dem Abernten bis zum Boden zurückgeschnitten werden, sodass nur noch frische Ruten stehenbleiben. Bei Herbsthimbeeren wiederum schneidet man alles im zeitigen Frühjahr bis zum Boden zurück – es treiben dann anschließend frische Ruten aus.

Beim Junifruchtfall wirft der Baum schwächere Früchte ab, um sich auf die Reifung der kräftigsten zu konzentrieren. ......

...... Abgefallenes Obst sollte sofort weg-geräumt werden, da es Wespen anlockt und ein Krank-heitsherd sein kann.

Junifruchtfall

Im Hochsommer werfen Obstbäume oft einige ihrer unreifen Früchte ab. Das ist eine natürli-che Reaktion. Sie verhindert, dass das Gehölz durch zu viele Früchte geschwächt wird oder dass Äste unter der Last abbrechen. Danach kann man aber trotzdem noch ausdünnen.

...... Nach dem Schnitt säubert man Klingen und Sägeblätter mit einem geölten Tuch von allen Rückständen.

Werkzeugpflege

Säubern Sie Werkzeug nach der Bearbeitung jeder Pflanze mit einem Haushaltsdesinfektions-mittel. So vermeiden Sie die Übertragung von Krankheitserregern. Sägeblätter und Klingen mit einem öligen Tuch reinigen. Klingen unbe-dingt schleifen, damit sie sauber schneiden.

Erziehung

Die Erziehung von Obstgehölzen zu bestimmten Formen gehört schon zur hohen Schule des Gärtnerns. Ein Spalierbaum nimmt weniger Platz weg und kann besser fruchten als ein frei stehendes Exemplar. Wichtig sind der passende Zeitpunkt und die richtige Technik. Hier einige häufige Erziehungsformen.

Tipp Um 45° geneigte Kordons werden Fächerkordons genannt. Sie setzen entlang des Triebs gleichmäßig Früchte an. Der Vorteil von Kordons: Man kann viele unterschiedliche Sorten auf kleinem Raum ziehen.

Kordon

Hier wird ein von einem kurzen Stamm abzweigender Gerüsttrieb gezogen, von dem aus kurze Fruchttriebe entspringen. Kordons sollten im Spätsommer geschnitten werden. Man kürzt die neuen Triebe auf 1–2 Knospen ein, lässt den Gerüsttrieb aber wachsen, bis er die gewünschte Höhe hat. Arten, die Früchte an der Triebspitze tragen, verlieren dadurch allerdings die Frucht für das nächste Jahr. Deshalb wählt man Sorten mit kurzen Fruchttrieben.

Die Äste brauchen eine Stütze, etwa in Form gespannter Drähte.

Schneiden Sie neue Triebe im Spätsommer auf zwei Knospen zurück.

Spalier

Ein Spalier hat einen zentralen Stamm, an dem in mehreren Etagen zu beiden Seiten horizontale Äste entspringen. Es sieht sehr dekorativ aus. Man kann so viele Etagen anlegen, wie man will, falls der Baum wüchsig genug ist; die meisten Exemplare aber haben nur vier bis fünf. Geschnitten wird im Spätsommer. Neue Triebe kürzt man bis auf zwei Knospen ein.

Im Gegensatz zu Kordons und Spalieren sollten Hochstämme im Spätwinter oder Frühjahr geschnitten werden.

Damit der Baum klein und kompakt bleibt, verwendet man schwachwüchsige Unterlagen.

Halbstamm

Die häufigste Baumform. Halbstämme haben einen kurzen, nackten Stamm von etwa 50 cm Höhe. Darüber beginnt die Krone in Form eines Kelchs mit offener Mitte. Halbstämme werden im Spätwinter oder Frühjahr geschnitten. Um die offene Form zu erhalten, entfernt man überkreuzte Zweige in der Kronenmitte, sodass Licht nach drinnen gelangt.

Möhren einschlagen

Der Anbau von Möhren ist ein Kinderspiel, sie über den Winter knackig und frisch zu halten dagegen nicht ganz leicht. Hat man sie einmal ausgegraben, sollte man sie so bald wie möglich einschlagen, sonst werden sie weich.

1 Gut eingeschlagen halten Möhren einige Monate. Benötigt wird dafür lediglich ein robuster Karton, etwas Zeitungspapier und tonhaltiges Substrat. Alle grünen Blätter und Triebe von den Möhren entfernen, da sie der Wurzel Feuchtigkeit entziehen. Zeitungspapier und darüber eine 2–3 cm dicke Schicht Substrat in den Karton geben.

Zuerst wird der Boden des Kartons mit Zeitungspapier bedeckt.

Wichtig: Keine Gartenerde verwenden, da sich darin Schnecken und andere Schädlinge befinden können.

Verteilen Sie die Möhren in dem Karton gleichmäßig, damit sie einander nicht berühren.

2 Möhren gut auf beschädigte oder kranke Stellen absuchen. Eine schlechte Möhre reicht, alle übrigen zu verderben. Möhren so auf das Substrat legen, dass sie einander nicht berühren.

3 Die erste Lage Möhren mit einer weiteren Lage Substrat etwa 2–3 cm dick abdecken. Eine zweite Lage Möhren darauflegen, wieder abdecken und so fort, bis der Karton voll ist.

Aufgepasst! Der Karton sollte an einem kühlen, gut durchlüfteten, von Mäusen freien Ort wie einem Schuppen oder einer Garage aufbewahrt werden.

Durch Schichten der Möhren wird der Karton nach und nach gefüllt.

Prüfen Sie die eingelagerten Möhren gelegentlich auf faulende Exemplare.

Obst und Gemüse **lagern**

IN PAPIER WICKELN

Äpfel halten sich ein paar Monate, wenn man sie in Papier einwickelt und an einen kühlen, dunklen Ort legt. Manche Sorten sind allerdings haltbarer als andere. Verwenden Sie Küchenpapier, damit die Früchte beim Lagern nicht beschädigt werden – alle Verletzungen oder Druckstellen bringen sie zum Faulen. Man kann die Äpfel auch so auf Ablagen legen, dass sie sich nicht berühren. Prüfen Sie die eingelagerten Äpfel regelmäßig auf Fäulnisspuren.

TROCKNEN

Obst und Gemüse kann auf verschiedene Weise getrocknet werden. Äpfel, Pflaumen, Pastinaken und Tomaten werden im Ofen bei niedriger Hitze getrocknet, Bohnen, Chilis und Kräuter lassen sich an der Luft trocknen.

Um Äpfel im Ofen zu trocknen, wäscht und entkernt man sie, schneidet sie in Scheiben und taucht sie in ½ Liter Wasser mit 2 Esslöffel Zitronensaft darin. Auf einem sauberen Geschirrtuch trocknen lassen. Dann auf einem auf ein Backblech gelegten Gitterrost im Ofen 8–24 Stunden bei niedrigster Hitze unter gelegentlichem Umdrehen weitertrocknen. Sobald man mit der Konsistenz zufrieden ist, holt man sie aus dem Ofen, lässt sie ein paar Stunden stehen und gibt sie in ein luftdichtes Gefäß.

Chilis werden an der Luft getrocknet, indem man sie mit einem kurzen Stück Stiel erntet, zu einem Zopf flicht und einige Wochen an einen warmen, trockenen Ort hängt, bis sie schrumpelig sind.

EINMACHEN

Das Einkochen von überschüssigem Obst und Gemüse ist eine ausgezeichnete Möglichkeit der Haltbarmachung. Fast jedes Ost und Gemüse lässt sich zu köstlicher Konfitüre oder Chutney verarbeiten. Suchen Sie sich ein Rezept, das Ihnen zusagt, und machen Sie sich ans Werk!

Äpfel in Papier lagern

Äpfel trocknen

LAGERN IN SÄCKEN

Wurzelgemüse wie Kartoffeln lässt sich gut trocken einlagern. Man gibt die Knollen in Papiersäcke und stellt sie an einen kühlen, frostfreien Platz. Sie müssen aber komplett trocken sein, damit sie auf Halde nicht faulen. Auch darf kein Licht zu ihnen gelangen, sonst treiben sie aus.

Eine weitere Möglichkeit ist das Einschlagen von Wurzelgemüse wie Steckrüben in eine selbst gemachte »Miete«. Legen Sie dazu in einer geschützten Gartenecke eine Lage Stroh auf den Boden und schichten Sie das Gemüse wie eine Pyramide darauf auf. Anschließend deckt man sie mit Stroh zu und füllt Erde darüber, bis sie völlig damit bedeckt sind. Prüfen Sie gelegentlich, ob die Miete noch intakt ist.

EINFRIEREN

Einige Obst- und Gemüsesorten können eingefroren werden, sofern man genug Platz in der Tiefkühltruhe hat. Himbeeren, Schwarze und Rote Johannisbeeren sowie Heidelbeeren etwa lassen sich als ganze Beeren frosten und nach dem Auftauen auch so nutzen, während Erdbeeren nach dem Einfrieren nur noch püriert, als Konfitüre oder Sauce verwendbar sind. Äpfel und Birnen müssen vor dem Einfrieren zu Mus verarbeitet werden.

Heidelbeeren werden eingefroren, indem man die Beeren zunächst gründlich wäscht und alle Exemplare herauspickt, die beschädigt oder krank aussehen. Legen Sie die Beeren so auf ein Backblech, dass sie sich nicht berühren, und stellen Sie das Blech in den Gefrierschrank. Sobald die Früchte hart gefroren sind, gibt man sie in saubere Gefäße wie Plastikboxen oder Gefrierbeutel und legt sie wieder in den Gefrierschrank. Auf diese Art und Weise gefrieren sie nicht zu einem harten Klumpen, sondern lassen sich nach dem Auftauen auch wieder einzeln verwerten. Will man sie aber sowieso nur zum Kochen verwenden, kann man sich das Vorfrosten auf dem Blech sparen.

Bohnen und Brokkoli müssen vor dem Einfrieren blanchiert werden. Man kocht sie einige Minuten lang in Wasser, bis sie weich sind, und kühlt sie anschließend rasch in Eiswasser ab. Zum Schluss werden sie abgetrocknet und eingefroren.

Kartoffeln im Sack einlagern

Heidelbeeren einfrieren

Register

Über den Autor

Simon Akeroyd ist Garten- und Parkdirektor des Herrenhauses Polesden Lacey in der englischen Grafschaft Surrey. Zuvor war er als Gartenmanager für die Royal Horticultural Society tätig. Zudem arbeitete er für die BBC als Gartenexperte und -journalist. Akeroyd ist unter anderem Autor von *Besser gärtnern: Rasen & Bodendecker*, *Selbstversorgung für Einsteiger* und *Besser gärtnern: Bäume & Sträucher*.

Bildnachweis und Dank

Bildnachweis
DK dankt **Peter Anderson** für das neue Bildmaterial.
S.18 (links), S. **105**, S. **128** (oben), **129** (Mitte):
Alan Buckingham © Dorling Kindersley.
Alle anderen Abbildungen © Dorling Kindersley.
Weitere Informationen unter
www.dkimages.com

Dank des Verlags
Ein besonderer Dank geht an die **Squires Garden Centres** für die freundliche Überlassung der Gartenwerkzeuge für die Fotoshootings.
Dorling Kindersley dankt ferner:

In Großbritannien
Gestaltung Jessica Bentall, Alison Gardner, Elaine Hewson, Vicky Read
Fotos von DK Claire Bowers, Freddie Marriage, Emma Shepherd, Romaine Werblow
Register Chris Bernstein
Gartenwerkzeug Squires Garden Centres

Tall Tree Ltd
Redaktion Rob Colson
Gestaltung Malcolm Parchment

In Indien
Gestaltung und Bildredaktion Ranjita Bhattacharji, Devan Das, Tanya Mehrotra, Ankita Mukherjee, Ivy Roy, Rajesh Singh Adhikari, Sourabh Chhallaria, Arjinder Singh, Sunil Sharma
Redaktionsassistenz Swati Mittal
Lektorat Garima Sharma